verrückt nach tomaten

Johnna Gilljam

Das ganze Jahr anbauen,
ernten & verarbeiten

KOSMOS

Inhalt

Wunderbare Tomaten – eine Liebeserklärung

Ich liebe diese köstlichen Früchte. Doch, tatsächlich: Die Tomate ist eine Frucht, kein Gemüse. Schau dir meine Lieblingsbücher, -Instagram-Accounts, -YouTube-Videos und -Saatguthändler an: überall Tomaten.

Schon im November mache ich mir Gedanken über die Tomatenpflanzungen des nächsten Jahrs. Ich schreibe Listen und überarbeite sie, immer und immer wieder. Bis Februar entstehen unzählige Listen, und dann muss ich mich entscheiden. Bis zu 350 verschiedene Sorten können auf meinen Listen stehen, die ich dann zusammenstreichen muss.

Jedes Jahr lässt sich ein bestimmter Schwerpunkt in meiner Auswahl erkennen: Manchmal sind es orangefarbene Sorten, dann Kirsch- oder Fleischtomaten oder die alten Ursprungssorten. Für dieses Jahr steht das noch nicht fest, aber ich werde versuchen, die Zahl der Sorten gering zu halten. Wenn das überhaupt möglich ist.

In den letzten Jahren habe ich zunehmend sogenannte Wintertomaten angebaut. Das sind haltbare Sorten, die länger bei Zimmertemperatur gelagert werden können. So stehen dir auch im Winter frische Tomaten aus eigenem Anbau zur Verfügung. Mit den richtigen Sorten kannst du die Saison verlängern und Tomaten fürs ganze Jahr kultivieren.

Man kennt die Tomate auch als Liebesapfel. Und tatsächlich ist es mit ihr wie bei einer wunderbaren Liebesbeziehung. Eine Tomate kann verlockend und heiß sein, manchmal in fleischiger, fester Form, manchmal aber ist sie kühl und weich. Es gibt viele Arten, die Tomate zu genießen. Sie allein ist schon köstlich, schmeckt aber auch als Zutat in Gerichten fantastisch, zum Beispiel als Gazpacho an einem heißen Sommertag oder in Tomaten-Melonen-Salat. Ihre Aromen breiten sich auf dem Gaumen aus, und je nach Zubereitung warten ganz unterschiedliche Geschmackserlebnisse auf dich. Denn es gibt Tomaten für jede Gelegenheit.

Das macht die Tomate so wunderbar. Es gibt sie in allen Formen und Farben, und immer schmeckt sie nach mehr als nur nach Tomate. Sie hat Süße, Säure und aromatische Noten. Eine 'Lucid Gem' kann im Geschmack an Pfirsiche erinnern, und eine 'Charlie Green' hat einen Hauch von Stachelbeere und Melone. Tomaten sind einfach besonders.

Wenn du Freude an Tomaten hast, solltest du diese auf jeden Fall verbreiten und Samen mit deinen Freunden teilen. Das beste Geschenk: Tomatensamen von deiner Lieblingssorte. Dann kannst du sowohl die Freude am Anbau als auch an den Tomaten teilen!

Warum ich Tomaten anbaue

Tomaten aus dem Eigenanbau

Manchmal werde ich gefragt, warum man Gemüse und Tomaten selbst anbauen sollte. Die Geschäfte sind doch voll mit allen möglichen, teilweise ungewöhnlichen Gemüsesorten. Mitten im Winter gibt es Erdbeeren, feinste Melonen und den knackigsten Eisbergsalat. Es gibt in Tüten abgepackte, verzehrfertige Salate und Salatmischungen. Es gibt kleine, süße Tomaten, große Tomaten, Bio-Tomaten aus Spanien und spannende Kirschtomatenmischungen, die sich perfekt für Salate eignen. Das ganze Jahr über hast du die Qual der Wahl.

Mir ist klar, dass nicht jeder eine Leidenschaft für Tomaten hat oder sich für Pflanzerde und Kompostierung interessiert. Kaum einer versteht den Reiz, in der Kälte zu säen oder spät abends mit einer Stirnlampe loszuziehen, um Gemüse zu ernten. Und Abend für Abend Tomatensorten aus Katalogen auszusuchen, macht wahrscheinlich nur wenigen Menschen so viel Spaß wie mir.

Es ist toll, das Gemüse im gut sortierten Supermarkt aussuchen oder sogar bequem zu Hause sitzen und online die gewünschten Produkte in den Warenkorb legen zu können. Schließlich ist es heute fast überall möglich, von zu Hause aus einzukaufen und sich die Waren liefern zu lassen oder bei einer Lieferstelle abzuholen.

EIGENE TOMATEN SIND GESÜNDER

Warum sollten wir also unsere eigenen Tomaten anbauen? Zum einen, weil die Tomaten aus dem Laden weniger Nährstoffe enthalten. Bei der Erzeugung von kommerziellem Gemüse konzentriert man sich auf hohe Erträge, d.h. auf Quantität statt Qualität. Das Gemüse muss schnell wachsen, manchmal auf ausgelaugten Böden, und enthält weniger Nährstoffe als früher. Das gilt auch für die Tomatenproduktion: Es werden viele ertragreiche Sorten angebaut, die in kurzer Zeit viele Früchte hervorbringen. Außerdem erfahren die Tomatenpflanzen Stress, weil man sie entlaubt, damit die Früchte schneller reifen. Und das wirkt sich auf den Geschmack aus. Einige

aktuelle Studien haben gezeigt: Heutzutage hat Gemüse weniger Nährstoffe als früher. Wenn du es jedoch selbst anbaust, enthält es (vor allem bei älteren Sorten) mehr Nährstoffe als gekauftes Gemüse. Das gilt auch für Tomaten.

Ein weiterer Vorteil: Mit den Tomaten aus eigenem Anbau nimmst du auch gute Bakterien auf, die sich positiv auf deine Gesundheit auswirken. Im Boden gibt es eine Vielzahl von Mikroben, Pilzen und Bakterien, zum Beispiel ein Bakterium namens *Mycobacterium vaccae*, das unser Gehirn zur Bildung des Neurotransmitters Serotonin anregt. Durch den Kontakt mit der Erde kommen wir mit diesem Bakterium in Berührung. Und das unterstützt nachweislich beim Abbau von Ängsten und bei der Verbesserung der Lernfähigkeit. Also geh raus, buddle in der Erde, säe aus und hab Spaß dabei!

UMWELTAUSWIRKUNGEN

Ein weiterer guter Grund, Tomaten und Gemüse selbst anzubauen. Gekauftes Gemüse wurde häufig über weite Strecken transportiert, und das belastet die Umwelt. Selbst Bio-Tomaten stammen meist aus Spanien. Es ist zwar löblich, dass du dich für Bio entscheidest, trotzdem haben die Früchte einen langen Transportweg hinter sich. Da baust du lieber selbst Tomaten an und lagerst grüne, unreife Exemplare im Herbst bei Zimmertemperatur, damit sie langsam, aber sicher reifen. Du kannst auch Wintertomaten kultivieren – mit etwas Glück hast du bis März oder April etwas davon.

Wir sind gewohnt, eine große Vielfalt an Obst und Gemüse zu essen, und ich frage mich, ob das sein muss. Dürfen wir erwarten, im Januar im Supermarkt einen knackigen Eisbergsalat oder schön rote Kirschtomaten zu bekommen? Wenn wir schon Gemüse kaufen, sollten wir in den Wintermonaten eher saisonale Lebensmittel

wie Kohl und Wurzelgemüse essen. Sie enthalten mehr Nährstoffe als Eisbergsalat und werden nicht so weit transportiert.

Ob ich selbst überhaupt noch Gemüse kaufe? Natürlich. Ich baue Gemüse an und ich kaufe welches. In den Wintermonaten meist Weiß-, Rot- und Chinakohl, Karotten und Zwiebeln sowie viel Wurzelgemüse. Außerdem verändert sich ständig, worauf ich Lust habe, und ganz ehrlich: Manchmal kaufe ich sogar eine Schachtel mit kleinen Tomaten.

Im Sommer und Herbst plane ich so, dass ich möglichst lange Tomaten ernten kann. Und zwar sowohl welche zum direkten Verzehr als auch welche zum Kochen. Denn Tomaten schmecken immer gut, ob auf einem Butterbrot oder in Salaten. Außerdem koche ich fast jeden Tag mit Tomaten: Eintöpfe und Suppen, aber auch ganze Gerichten auf der Basis von Tomatensauce. Tomaten kann man einfrieren, trocknen, einlegen und als stückige Tomaten für eine leckere Tomatenbasis den ganzen Winter über verwenden. Wir können klüger und nachhaltiger einkaufen, wenn wir den Eigenanbau steigern und Zugekauftes reduzieren. Als Bonus können wir Gemüse essen, das mehr Nährstoffe enthält und mit dem es uns besser geht! Tomaten anzubauen ist nicht schwer – ob auf der Fensterbank oder dem Balkon, im Freiland, im Gewächshaus oder gemeinschaftlich in der Nachbarschaft.

TOMATEN ALS SUPERFOOD

Dass Tomaten gesund sind, weißt du wahrscheinlich. Aber wusstest du, dass sie durch Erhitzen noch gesünder werden? Und dass es besonders gesunde Sorten gibt?

Rote Tomaten erhalten ihre Farbe durch den Stoff Lycopin, der zur Gruppe der Carotine (sekundäre Pflanzenstoffe) gehört und eine positi-

ve Wirkung auf unsere Gesundheit hat. Lycopin stärkt das Immunsystem und erhöht die Widerstandsfähigkeit; man könnte sagen, es „neutralisiert“ negativen Stress. Den Forschungen zufolge kann Lycopin verschiedenen Krebsarten, Herz-Kreislauf-Erkrankungen und Entzündungen vorbeugen. Wenn die Tomate erhitzt wird, wird Lycopin in größeren Mengen freigesetzt und vom Körper leichter aufgenommen.

10 mg Lycopin pro Tag benötigen wir für eine vorbeugende Wirkung gegen verschiedene Krebsarten oder die oben erwähnten Erkrankungen. Der Schlüssel dazu ist der Verzehr von gekochten Tomaten mit hohem Lycopingehalt.

Einige orangefarbene Tomatensorten enthalten eine cis-Form des Lycopins. Das cis-Lycopin muss nicht erhitzt werden, damit wir es verwerten können. In den orangefarbenen Tomaten ist das Lycopin also direkt verfügbar. Demnach müsste (je nach Sorte) ein Glas orangefarbener Tomatensaft bis zu zehnmal gesünder sein als ein Glas klassischer roter Tomatensaft.

Die Menge an cis-Lycopin variiert je nach Sorte. Hier sind die Gehalte einiger orangefarbener Tomaten, ausgedrückt in Milligramm pro 100 g:

Orange Plum	1,84
Kellogg's Breakfast	3,42
Orange Strawberry	4,14
Yellow Brandywine	4,15
Elbe	4,31
Orange Roma	4,62
Moonglow	4,88
Amana Orange	5,04
Tangerine	5,82
Big Orange	6,14

Die cis-Lycopin-Werte dieser Tomatensorten stammen vom Heritage Food Crops Research Trust.

Tomatensorten

Du kennst wahrscheinlich den legendären Satz aus dem Film *Forrest Gump*: „My mama always said, life was like a box of chocolates. You never know what you're gonna get." In meiner Welt ist das Leben wie eine Schachtel Tomaten. Tomaten sind so spannend, weil sie nie gleich sind und es viele verschiedene Sorten gibt – mit unterschiedlichen Geschmacksrichtungen, Eigenschaften, Formen, Größen.

Sie werden grundsätzlich in zwei Kategorien eingeordnet: Stab- und Buschtomaten. Andere Bezeichnungen sind indeterminiert (unbegrenzt) bzw. determiniert (begrenzt), und das sagt mehr über ihre Eigenschaften aus. Denn indeterminierte Tomaten wachsen immer weiter, sie werden in die Höhe gezogen und sind daher groß. Determinierte Tomaten bleiben auf einer genetisch vorgegebenen Wuchshöhe, und wir nennen sie Buschtomaten. Jede Tomatensorte gehört zu einer dieser beiden Kategorien. Darüber hinaus gibt es verschiedene weitere Möglichkeiten, Tomaten zu gruppieren. Im Folgenden versuche ich, ihre Charakteristika zu beschreiben.

STABTOMATEN

Stabtomaten werden meist in Gewächshäusern oder an einer warmen Wand gepflanzt. Diese bis über zwei Meter hoch wachsenden Tomatensorten müssen angebunden werden. Man kann sie auch im Freiland anbauen, braucht aber eine Stütze wie einen Zaun, ein Spalier oder ein Gerüst.

Stabtomaten können unbändig werden, wenn man sie nicht ausgeizt, und dann weniger Früchte tragen (mehr über das Ausgeizen findest du auf Seite 66). Wenn genügend Platz da ist, kannst du der Pflanze zwei Stängel lassen und damit die Ernte maximieren. Beim Ausgeizen entfernt man die Seitentriebe, die aus den Blatt achseln entstehen. Die Geiztriebe bilden neue Pflanzen, wenn man sie in den Boden steckt.

BUSCHTOMATEN

Buschtomaten sind niedrige bis mittelhohe Sorten, die buschig wachsen und zwischen 30 und 120 cm hoch werden. Sie eignen sich für den Anbau sowohl im Beet als auch in Töpfen. Die frühesten und widerstandsfähigsten Tomatensorten zählen in der Regel zu den Buschtomaten. Sie eignen sich auch gut für den Anbau auf dem Balkon und in kleinen Gärten, da sie selbst im ausgewachsenen Zustand noch handlich sind.

Eine Buschtomate wird nur ausgegeizt, wenn die Pflanze luftiger werden soll. Und die meisten Exemplare brauchen nicht mehr Unterstützung als einen Bambusstab oder vielleicht einen Tomatenkäfig, wenn es sich um eine besonders üppige Pflanze handelt.

URSPRUNGSSORTEN

Alte Tomatensorten werden auch mit dem englischen Begriff *Heirloom* bezeichnet. Bei einer Heirloom-Tomate handelt es sich um eine Sorte, die seit Generationen angebaut wird und keine Hybride ist. Heirloom-Sorten sind gut für unsere Artenvielfalt und werden immer beliebter. Seit einiger Zeit drängen jedoch zunehmend Hybride auf den Markt. Das sind Sorten, die so veredelt wurden, dass sie hohe Erträge erzielen und widerstandsfähiger gegen Krankheiten sind.

F1-HYBRIDEN

F1-Tomaten sind Hybriden – die erste Generation einer Sorte, die für bestimmte Eigenschaften gezüchtet wurde. Dafür wurden Tomaten mit den gewünschten Charakteristika (z. B. schnelle Reifung, viele Früchte usw.) gekreuzt, um eine Qualität zu erreichen, die die Rentabilität des Tomatenanbaus erhöht. Das geht jedoch manchmal auf Kosten des Geschmacks und der Nährstoffe und führt zur Verarmung der Tomatensorten.

Als Hybridsorte bringt eine F1-Tomate nicht dieselben Nachkommen aus den Samen hervor. Deshalb musst du, wenn du dieselbe Sorte anbauen möchtest, Samen kaufen oder von der Tomatenpflanze einen Steckling nehmen.

TOPFTOMATEN

Die kleineren, sogenannten Topftomaten, sind seit einigen Jahren im Trend. Man sieht sie in den sozialen Medien häufig, weil sie sich das ganze Jahr über mithilfe von Pflanzenlampen anbauen lassen. Topftomaten eignen sich auch gut für kleine Balkone, wo nicht viel Platz ist.

DWARFTOMATEN

Dwarftomaten sind moderne Kreuzungen, die entwickelt wurden, um kompakte, produktive Pflanzen von etwa einem Meter Höhe zu erhalten. Hervorragend geeignet für kleine Gärten, für den Anbau in der Stadt und als Topftomaten. Sie haben kräftige Stängel und sind pflegeleicht. Außerdem müssen sie nicht ausgegeizt oder gestützt werden.

KIRSCHTOMATEN

Kirschtomaten haben kleine, mundgerechte Früchte. Es gibt sie in verschiedene Sorten, von Topf- bis Buschtomaten, oder auch als Stabtomaten, die ausgegeizt werden müssen. Die Pflanzen sind oft sehr ertragreich, und schnell hat man ein paar Lieblingssorten. Die Früchte können verschiedene Formen haben – rund, oval, birnen- oder tropfenförmig –, und sie wachsen in Trauben, in Reihen oder auch einzeln.

PASTA-TOMATEN

Pasta-Tomaten sind fleischiger und enthalten weniger Wasser als andere Tomatensorten. Außerdem haben sie weniger Samen. Charakteristisch ist ihre längliche Form, sie haben Ähnlichkeit mit Pflaumentomaten. Sie sind ideal für Ketchup, Saucen und Konserven sowie zum Trocknen. Es gibt sie sowohl als Busch- als auch als Stabtomaten.

MULTIFLORA-SORTEN

Bei Multiflora haben wir es mit Kirschtomaten-Sorten zu tun, deren Früchte in großen Rispen wachsen. Meist handelt es sich um Stabtomaten, die gestützt werden müssen, weil die Rispen schwer werden. Die Ernte ist häufig sehr üppig.

FREILANDTOMATEN

Das sind Sorten, die sich für den Anbau im Freiland eignen, d.h. in Mutterboden direkt im Beet oder auch im Hochbeet. Meist handelt es sich um Buschtomaten, die mit kühlerem Wetter gut zurechtkommen; russische und baltische Sorten fühlen sich im schwedischen Klima wohl.

FLEISCHTOMATEN

Es gibt eine Fleischtomate für jede Tomatenseele der Welt. Ich habe viele Lieblingssorten, und unter ihnen auszuwählen, fällt mir besonders schwer. Fleischtomaten sind große Tomaten, oft um die 200 g bis hin zu 500 oder 600 g schwer. Es handelt sich um fleischige Tomaten mit festem Fruchtfleisch und meist vielen kleinen Kammern. Sie sind vielseitig verwendbar, ob im Ofen gebacken oder roh in einem Salat. Ich lege sie gerne auf den Grill. Und gefüllte Fleischtomaten mit Champignons, Knoblauch und Chili schmecken mit einem kräftigen Käse dazu besonders gut. Oder einfach in Scheiben geschnitten, mit Salz und Pfeffer bestreut auf einem Knäckebrot!

VIER BUSCHTOMATEN FÜR DEN FREILANDANBAU:

Outdoor Girl
Rote Früchte in verschiedenen Größen. Der Name deutet es an: Sie funktioniert gut im Freiland. Widerstandsfähig und ertragreich. Bringt viele rote Tomaten von klein bis groß.

Sibirjak
Rote, leckere Früchte von etwa 100g. Für den Freilandanbau geeignete Buschtomate, schnellwachsend und widerstandsfähig. Stammt aus Krasnojarsk in Sibirien, verträgt kühleres Klima und eignet sich auch für einen verregneten, grauen Sommer, den es ja manchmal gibt. Die Pflanze muss gestützt und vielleicht ausgegeizt werden.

Stupice
Eine „gewöhnliche" rote Tomate. Gehört zu meinen Lieblingssorten, für Gewächshaus- und Freilandanbau. Süß und saftig. Ertragreiche Tomate aus der ehemaligen Tschechoslowakei. Eine alte, sogenannte *Heirloom*-Sorte.

Taxi
Eine Buschtomate, die ich sowohl im Freiland als auch im Pflanztunnel gezogen habe. Im Freien wird sie nicht so hoch, braucht aber eine Stütze, um das Gewicht der vielen Früchte zu tragen. Im Gewächshaus wächst sie höher und schön buschig. Sie braucht viel Unterstützung, weil sie zahlreiche große gelbe Tomaten von je 100 bis 120g produziert.

WINTERTOMATEN

Dickschalige, haltbare Tomaten, die sich lagern lassen. Wintertomaten kennt man auch unter den Begriffen ewige Tomaten, Piennolo-Tomaten, haltbare Tomaten. Aber ich fasse sie unter dem Überbegriff Wintertomaten zusammen, weil wir im Winter besonders von ihnen profitieren. Ihnen fehlt die Süße, die man bei „normalen" sonnengereiften Tomaten hat. Daher eignen sie sich vor allem zum Kochen, schmecken aber auch in Salaten oder auf Sandwiches. Schließlich sind wir es ja von gekauften Tomaten gewohnt, dass ihnen im Winter die Süße fehlt, da sie nicht selten vor der Reife geerntet und in die ganze Welt verschifft werden.

Warum also Wintertomaten anbauen? Als Alternative zu den Tomaten, die über weite Strecken transportiert werden. Damit du dich gegen Tomaten entscheiden kannst, die in ölbeheizten Gewächshäusern unter hohem Energieverbrauch wachsen. Du siehst, schon aus Nachhaltigkeitsgründen solltest du Wintertomaten anbauen. Oder weil es Spaß macht! Denn das tut es. Stell dir vor, du könntest Tomaten fürs ganze Jahr anbauen!

Wintertomaten zu kultivieren ist nicht schwierig. Sie brauchen aber eine etwas andere Umgebung als die, die wir bei Tomaten gewohnt sind. Diese Sorten kommen auch mit schlechteren Bedingungen zurecht. Es handelt sich um Tomaten, die gut auf italienischen Berghängen wachsen – sie werden ohne zusätzlichen Dünger und mit wenig Wasser angebaut. Auch die katalanischen Sorten, die als *Tomàquets de penjar* (Tomaten zum Aufhängen) bekannt sind, mö-

gen ein trockeneres Klima. Aber mit ein wenig Dünger erhalte ich schön große Pflanzen mit guten Erträgen. Ohne Dünger sind die Pflanzen kleiner und tragen weniger Früchte.

Wintertomatensorten gibt es auch aus unseren Gefilden. Eine der bekanntesten schwedischen Sorten heißt 'Peter den hållbare' (auf Deutsch: Peter der Haltbare).

Wintertomaten lassen sich vielseitig verarbeiten: Sie können gebraten, gebacken oder im Wok zubereitet werden und eignen sich hervorragend für Eintöpfe. Ich mag sie in einem Omelett mit etwas Chili und Basilikum. Bei der Ernte sind sie eher langweilig, aber wie guter Wein werden sie immer besser, egal ob gekocht oder roh mit einem guten Käse dazu. Ein cremiger Feta mit Öl und roten Zwiebeln – einfach magisch. Oder man isst Wintertomaten wie in Katalonien, wo man für das Gericht *pa amb tomàquet* ein rustikales Brot mit einer halbierten Tomate einreibt. Einfach Scheiben von einem herzhaften Landbrot rösten, dann mit Knoblauch und Tomate einreiben, mit einem guten, aromatischen Olivenöl beträufeln und mit Salz bestreuen.

Seit meinem ersten Pflanzversuch 2013 bin ich von Wintertomaten fasziniert. Eine befreundete Züchterin aus Katalonien schickte mir Samen. Sie hatte sie von einem Bauern vor Ort erhalten, mitsamt einer kleinen Geschichte dazu: Angeblich habe ihm ein älterer Mann geraten, die Tomaten an einer Schnur ins Meer zu tauchen. Das Salzwasser würde die Tomaten noch länger haltbar machen. Ich weiß nicht, ob der

Bauer es je ausprobiert hat und ob es funktioniert, aber die Geschichte vergesse ich nie mehr.

Jede Sorte hält unterschiedlich lange, und das Klima in der Wohnung wirkt sich auf die Haltbarkeit aus. Ich lagere Wintertomaten auf unterschiedliche Arten: Einige hängen in der Küche von der Decke, andere in der Speisekammer, und einige liegen in einer Schale in der Küche – je nachdem, wie viele andere Tomaten ich zu Hause habe und wie lange der Winter noch dauert. Ich habe schon einige Sorten ausprobiert und meine Favoriten gefunden.

FÜNF SCHÖNE WINTERTOMATEN:

Tomàquet de penjar, Mas Galceran
Meine erste Wintertomate, und seitdem ein guter Freund. In den Wintermonaten aus meiner Küche nicht mehr wegzudenken. Ich verwende sie auf verschiedene Arten. Sie schmeckt gebraten und gegrillt, und oft verarbeite ich sie in einem warmen Tomatensalat. Der Hof Mas Galceran ist ein Familienbetrieb, der in der Gegend um Sant Miquel de Fluvià Bio-Gemüse anbaut. Von dort stammten meine ersten Wintertomaten.

Ponderosa
Eine schöne, süß-saure Tomate, die sich am besten hält und sich hervorragend zum Kochen eignet. Weil ich Tomaten sowohl frisch als auch zubereitet mag, liebe ich diese gute Kochtomate. Sie ist perfekt für Pasta-Saucen, auf der Pizza oder im Ofen mit Knoblauch gebacken.

Tomàquet de penjar, Can Bogunya
Lässt sich gut roh verzehren und passt hervorragend zu einem schönen Käse, etwas Olivenöl, Salz und Pfeffer. Eignet sich für Salate und zum Kochen und ist etwas größer als normale Wintertomaten.

Piennolo del Vesuvio, Casa Barone
Eine Stabtomate, die ovale rote Früchte mit einer ausgeprägten Spitze hervorbringt, wie eine klassische Piennolo-Tomate. Dicke Schale, kompaktes Fruchtfleisch und eine angenehme Süße. Bis zu acht Monate nach der Ernte haltbar.

Piennolo del Vesuvio Giallo
Eine gelbe Piennolo-Tomate mit Spitze und dicker Schale. Hält nach der Ernte etwa acht Monate. Zwar schrumpft sie mit der Zeit, behält aber ihren Geschmack. Geeignet als Salattomate für den Frischverzehr und als Wintertomate zum Lagern.

Meine Must-haves

Wie soll ich mich bloß auf Lieblingssorten festlegen? Ständig überarbeite ich meine Favoritenliste, zum Beispiel weil ich neue Sorten ausprobieren oder in einem Jahr mehr Pasta-Tomaten und im nächsten mehr Fleischtomaten haben will. Dann wieder bin ich ganz verrückt nach Snack-Tomaten. Die Auswahl ist einfach riesig!

Was würde ich ohne die Kirschtomate 'Yellow Submarine' machen, eine birnenförmige gelbe Pflaumentomate? Diese Stabtomate ist zwar ertragreich, braucht aber viel Zeit zum Reifen. Die Früchte wiegen um die 30 g und halten sich lange.

Oder die Kirschtomate 'Mei Wei', eine frühe, sehr aromatische Stabtomate, die ich im Pflanztunnel oder in großen Töpfen an einer Wand kultiviere: Die süßen, roten Früchte sind kugelrund und wiegen etwa 20g.

Wie sehr würde ich 'Orange Lemon' vermissen, eine Pasta-Tomate mit zitronenförmigen Früchten in Hellorange mit einem süßen Aroma. Es sind feste, fleischige Pflaumentomaten, die nach der Ernte lange halten und selten aufplatzen. Perfekt für Salsa und Tomatensauce.

Und die 'Auntie Madge's Plum'! Wenn Sie große Rispen mit kleinen Pflaumentomaten mögen, ist das Ihre Wahl. Eine Multiflora-Sorte, die viele kleine, dunkelrote Tomaten hervorbringt.

Was wären Tomatenkulturen ohne die 'Blue Gold Berries', eine etwas später reifende Kirschtomate mit spannender Farbkombination? Goldgelbe Früchte mit violettbraunen Schultern und sternförmigem Stielansatz. Sehr schmackhaft, außerdem platzt sie nicht so leicht.

Die Sorte 'Taxi' habe ich sowohl im Freiland als auch im Pflanztunnel ausprobiert. Im Freiland wächst sie als Buschtomate, im Gewächshaus wird sie größer und üppiger. Die Pflanze braucht viel Unterstützung, weil sie eine Menge große gelbe Tomaten mit je 100 bis 120g produziert. Etwas säuerlich, gut für eine Gazpacho oder einen Tomatensalat mit Mozzarella und Olivenöl. Und ein klarer Favorit für gelben Tomatenketchup!

Ich würde der hochwachsenden und ertragreichen 'Stormin' Norman' nachtrauern, einer Multiflora-Sorte voller großer Kirschtomaten, die ein reiches, gut ausgewogenes süßes Aroma haben. Oval und schokobraun wie Pralinen.

Die 'Hildegard von Bingen' bringt etwa 80g schwere Tomaten hervor. Die langen Triebe der Pflanze müssen gestützt werden. Dunkle, sehr rote, „gewöhnliche" Tomaten. Eine sehr frühe Sorte, geeignet für kühleres Klima.

Auch auf die 'Rosso Siciliana' möchte ich nicht verzichten, eine rote Fleischtomate aus Italien. Eine der schönsten Tomaten, die ich kenne, perfekt für Salate, zum Füllen und Überbacken.

Oder die 'Black from Tula', eine alte Sorte, ursprünglich aus der Ukraine. Die Fleischtomate hat eine unregelmäßige Form, färbt sich bei der Reifung rot-schwarz und ist innen etwas dunkler. Oft hat sie grüne Schultern. Vielleicht die köstlichste der schwarzen Tomaten.

Es macht mir wirklich Spaß, neue Lieblingssorten zu entdecken. Aber einige Tomaten liegen mir immer besonders am Herzen, deshalb möchte ich sie hier besonders hervorheben:

Rosalita

Manchmal ist es schwierig, sich zwischen zwei Tomatensorten zu entscheiden, die sehr ähnlich sind, so wie bei 'Rosella' und 'Rosalita'. Aber wenn ich mich entscheiden müsste, wäre es 'Rosalita', weil ich sie für produktiver halte. 'Rosalita' bringt ovale süße Kirschtomaten hervor, die wunderschön tiefrosa sind. Eine recht frühe Stabtomate, die buschig, aber ertragreich ist.

Amana Orange

Eine große Fleischtomate von etwa 200 bis 500 g mit orange-gelber Farbe. Sie ist saftig und hat ein frisches, süßes Aroma, das ich sehr mag. Eine cis-Lycopin-Tomate, ursprünglich aus den USA, die eine lange Entwicklungszeit hat und spät reift, aber das Warten lohnt sich.

Sgt. Pepper's

Diese zauberhafte Sorte bringt große Ernten mit den erstaunlichsten unregelmäßig herzförmigen Früchten in den schönsten Schattierungen von tiefem Lila bis Rosa hervor. Sie gehört zu meinen Lieblingssorten. Eine produktive Stabtomatensorte mit Früchten von 100 bis 300 g. Wie die meisten Ochsenherz-Sorten braucht auch die 'Sgt. Pepper's' viel Unterstützung, um ihre langen Rispen und die vielen Früchte zu halten.

Wenn du diese Tomate in Scheiben schneidest, siehst du dichtes Fruchtfleisch mit minimalem Kerngehäuse. Geschmack und Konsistenz sind unglaublich, wenn man sie frisch genießt, aber sie eignet sich auch hervorragend für Saucen und zum Backen im Ofen. Diese köstlich süßen Früchte mit einem ausgewogenen Tomatengeschmack sind ein Muss. Ein Hoch auf Jason Haynes, der die beiden Sorten 'OSU Blue' und 'German Red Strawberry' gekreuzt und diese Kostbarkeit hervorgebracht hat.

Black Plum

Eine dunkle Pflaumentomate aus Russland, mit ihren 5 bis 6 cm langen Früchten ein echter Favorit. Zum einen, weil sie resistent gegen Grauschimmel ist, zum anderen, weil sie ein kühleres Klima verträgt. Sie ist nach der Ernte gut haltbar, hat eine dicke Schale, ist dunkelrot bis schwarz gefärbt und hat dunkelgrüne Schultern. Sie sollte gestützt und ausgegeizt werden.

Sungold F1

Die Snacktomate Nummer 1! Eine Stabtomate mit Unterstützungsbedarf. Sie bringt kleine orangefarbene Früchte hervor, so köstlich und süß, dass sie es fast nie in die Küche schaffen – nach der Ernte werden sie fast alle sofort verputzt. Allerdings hat sie hat zwei Nachteile: Es handelt sich um eine F1-Sorte, und sie ist sehr dünnschalig und platzt leicht auf.

Ananas Noire

Eine fleischige Stabtomate, die fast zwei Meter hoch werden kann. Die leicht gerippten Tomaten sind 200 bis 500 g schwer und haben im unreifen Zustand eine dunkle Schale. Wenn sie reif sind, verfärben sie sich rosa und braun-gelb, und das Fruchtfleisch ist grün-rosa. Ein herrlich voller Geschmack mit Zitrusnoten. Stammt aus Belgien.

Evil Olive

Die 'Evil Olive' ist eine größere, leicht ovale Kirschtomate. Sie zeichnet sich durch schöne Färbungen in Grün und Orange und ein rötliches Fruchtfleisch aus. Ungewöhnlich. Die Früchte sind fest und saftig und haben ein ausgewogen süßes Aroma. Dank der etwas dickeren Schale sind sie zum Trocknen geeignet.

Moonglow

Die 'Moonglow' ist eine wirklich fleischige und gesunde Tomate, die dank des leidenschaftlichen Tomatenzüchters Stefan Sundström berühmt geworden ist. In seinem Tomatenbuch „Stefans stora feta röda" beschreibt er 'Moonglow' als eine besonders gesunde Tomate mit einem hohen Gehalt an cis-Lycopin.

Die Früchte sind sehr aromatisch, haben eine leichte Süße und halten etwa sechs bis acht Wochen bei Zimmertemperatur, natürlich abhängig davon, wie warm oder kühl du wohnst. Manchmal werden solche Sorten auch als *excellent keeper* oder *Longlife*-Tomaten bezeichnet. Sie sind gut für den Transport geeignet und im Vergleich zu normalen Tomaten besonders haltbar.

Lucid Gem

Die 'Lucid Gem' ist eine meiner Lieblingssorten, die in den letzten Jahren immer wieder in meinem Garten aufgetaucht ist, sowohl wegen ihrer Farbe als auch wegen des Geschmacks. Eine hübsche Fleischtomate in lila, roten und gelben Tönen, die mit der Lagerung immer besser wird, weil sie lange hält – eine sogenannte *Longlife*-Sorte. Sie wiegt etwa 100 bis 150 g und hat in den USA schon eine Auszeichnung als süßeste *Heirloom*-Tomate erhalten. Es handelt sich um eine fruchtige Stabtomate, die eigentlich nie aufplatzt. *Longlife*-Tomaten halten sich gut ein bis zwei Monate bei Zimmertemperatur.

Piennolo del Vesuvio Giallo

Eine kleine, zitronenförmige gelbe Tomate mit guter Lagerfähigkeit: eine sogenannte Wintertomate oder ewige Tomate. Direkt nach der Ernte eignet sie sich als aromatische Salattomate.

Tomatenreichtum

Einige Menschen träumen davon, in Geld zu baden wie Dagobert Duck in seinem Geldspeicher. Mein Pendant zum Geldspeicher ist mein Gewächshaus, das ich Freudenhaus nenne. Tomatensorten in einer unverschämt hohen Anzahl zu sammeln, vergoldet mir das Leben. Mit Tomaten erschaffe ich das herrlichste Eingemachte, die leckersten Gerichte und den verführerischsten Drink. Und ich kann diese Früchte direkt vom Zweig im von der Sonne erwärmten Gewächshaus genießen – wie Süßigkeiten.

Für mich sind die Tomaten mein Reichtum. Nie bin ich fröhlicher als im Gewächshaus bei einem Bad im Duft der Tomaten, wenn ich mich um die Tomaten kümmere wie um einen Schatz, den ich dann ernten darf. Ein Gefühl, dass man mit Geld nicht kaufen kann.

Tomaten anbauen

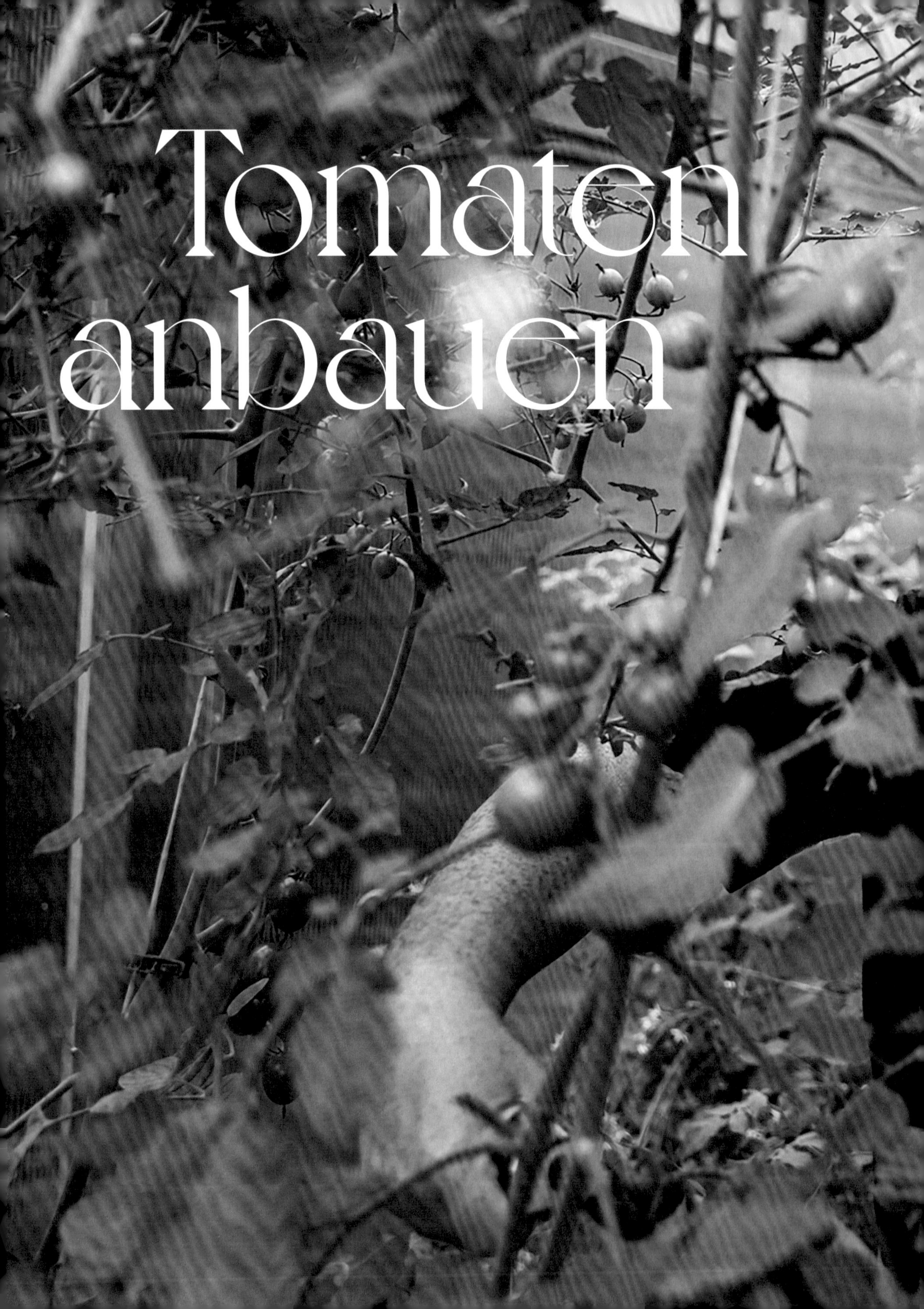

Verschiedene Anbaumethoden

Tomaten zu züchten kann zu einer regelrechten Wissenschaft werden. Ratschläge, wie man am besten sät und kräftige Pflanzen bekommt, gibt es in Hülle und Fülle, aber es geht auch ohne viel Extra und mit wenigen Mitteln. Hier kommen meine besten Tipps für Aussaat, Pflege und Ernte. Die Aussaat kann sowohl im Haus als auch draußen erfolgen. Beide Methoden funktionieren sehr gut, wobei die Anzucht drinnen etwas aufwendiger ist.

TOMATEN IM FREIEN ANBAUEN

Oft höre ich, man könne ohne Gewächshaus keine Tomaten anbauen. Das stimmt nicht! Du hast verschiedene Möglichkeiten: Da ist zum einen der Anbau in Töpfen, Palettenrahmen oder in selbstgebauten Pflanzkästen. Du kannst Tomaten aber auch direkt in den Boden pflanzen, in Hochbeete oder in den Garten, zum Beispiel ins Blumenbeet neben dem Haus.

Auch in den nördlicheren Teilen Schwedens ist es möglich, Tomaten im Freien anzubauen, auch wenn es schwieriger wird. Je weiter nördlich wir uns befinden, desto sinnvoller wäre ein Gewächshaus oder ein Pflanztunnel, weil wir die Saison verlängern müssen, damit die Tomaten reif werden. In den Mittelgebirgsregionen Deutschlands und in den Alpen ist ein Gewächshaus ebenfalls zu empfehlen.

Wichtig beim Anbauen von Tomaten im Freien ist, dass sie regelmäßig gewässert werden und einen warmen Standort bekommen, zum Beispiel an einer Hauswand, an einem sonnigen Bretterzaun, in Hochbeeten oder in dunklen Töpfen.

Hochbeete sind eine gute Möglichkeit, die Temperatur in der Erde zu erhöhen. Der Boden wird durch die Sonnenstrahlen schneller erwärmt, und das mögen die Tomaten. Auch in dunklen Töpfen ist die Erde wärmer. Denk aber daran, dass Pflanzen in warmer Erde mehr Wasser benötigen.

Außerdem empfehle ich, Beete oder Töpfe mit Grasschnitt zu bedecken. Das trägt dazu bei, die Wasserverdunstung zu verringern und die Tomaten mit Nährstoffen zu versorgen. Du kannst auch Unkraut zum Abdecken nehmen, wenn du keinen Grasschnitt hast. Mehr Informationen zum Mulchen findest du auf Seite 102.

TOMATEN IN TÖPFEN

Nicht alle haben die Möglichkeit, Tomaten in Pflanzkästen oder direkt im Boden anzubauen. Kein Problem, es geht auch hervorragend in Töpfen. Und das hat sogar Vorteile: Die Erde erwärmt sich leichter, und Töpfe lassen sich bei Bedarf problemlos umstellen. Außerdem ist es mit Töpfen einfacher, den Anbau nicht ausufern zu lassen.

Die Methode eignet sich gut für kleine Gärten oder den Balkon. Du kannst große Kunststofftöpfe verwenden, in denen die Tomaten viel Erde zur Verfügung haben. Terrakotta-Töpfe würde ich nicht empfehlen, auch wenn sie schön sind. Denn darin brauchen die Tomaten mehr Wasser, und es besteht die Gefahr, dass du mehr gießen musst, als machbar ist. Kunststofftöpfe sind praktischer, halten das Wasser besser, sind leichter zu tragen und zu reinigen. Für größere Tomatenpflanzen eignen sich auch Maurerkübel oder Blumeneimer, die du für wenig Geld (manchmal kostenlos) im Blumenladen bekommst. Ich verwende große Maurerkübel. Allerdings heißt es, dass einige Kunststoffe Giftstoffe absondern. Wenn du ganz sicher gehen möchtest, solltest du nur Behälter verwenden, die für Pflanzen und Lebensmittel geeignet sind.

Achte bei der Verwendung von Eimern oder Kübeln darauf, dass diese Wasserabzugslöcher haben, damit deine Tomatenpflanzen nicht ertrinken. Auch bei Töpfen empfehle ich zu mulchen. Das Abdecken des Bodens mit beispielsweise Grasschnitt verringert die Wasserverdunstung und liefert Nährstoffe für deine Tomaten.

Falls du keinen eigenen Rasen hast, bekommst du Grasschnitt vielleicht von deinen Nachbarn oder von öffentlichen Grasflächen und Parks. Leider wird eine Menge Grasschnitt einfach entsorgt und damit verschwendet.

Wenn du in Töpfen anbaust, solltest du darüber nachdenken, deine Lebensmittelabfälle mit Bokashi zu kompostieren (siehe Seite 109). Auch ohne viel Platz für Komposthaufen entsteht so ein schöner Kreislauf. Mit den Bokashi-Abfällen kannst du die Töpfe im Frühjahr vorbereiten und die Pflanzerde verbessern.

Dafür zwei Drittel der Menge an Erde, die in den Topf passt, entnehmen, den Topf mit Bokashi-Resten auffüllen und gut mischen. Zum Schluss mit der alten Erde auffüllen. Nach zwei bis drei Wochen hast du perfekte Erde, um darin Tomaten zu pflanzen.

TOMATEN IN HOCHBEETEN ANBAUEN

Der Anbau in Hochbeeten funktioniert für Tomaten sehr gut, weil sich die Erde schnell erwärmt. Die Beete sollten mit selbstgebauten Kästen oder Palettenrahmen umrandet sein, um sie vor Tieren oder Kinderhänden zu schützen und die Erde an Ort und Stelle zu halten.

Ich plädiere für Palettenrahmen, mit denen man tatsächlich schnell ein Pflanzbeet anlegen kann. Und im Gegensatz zu selbstgebauten Pflanzkästen ist keinerlei handwerkliches Geschick nötig. Inzwischen gibt es Palettenrahmen im Frühjahr in Baumärkten zu kaufen. Sie sind also leicht verfügbar. Und auch auf dem Gebrauchtmarkt findet man sie für wenig Geld.

Schon mit nur einem Rahmen kannst du ganz schnell mit dem Anbau loslegen, auch wenn die optimale Höhe zwei Rahmen beträgt. Aber nehmen wir an, du hast es sehr eilig mit dem Tomatenanbau. Dann stelle den Palettenrahmen an einen geeigneten Ort, lege den Boden mit Zeitungen oder Karton aus und fülle mit Erde und Dünger auf. Wenn du Erde kaufst, mische sie mit einem oder zwei Säcken Rinderdung, um den Tomaten einen nährstoffreichen Start zu ermöglichen. In einen Palettenrahmen passen vier bis sechs Tomatenpflanzen, je nachdem, wie buschig die Sorte wird.

Im nächsten Jahr kannst du dann auf den ersten einen zweiten Palettenrahmen aufsetzen und mit Kompost und neuem Mutterboden auffüllen. Oder vielleicht mit Bokashi-Abfällen mischen? Und schon hast du wieder ein schönes Pflanzbeet. Unheimlich flexibel.

TOMATEN AN EINEN BRETTERZAUN PFLANZEN

Ein sehr guter Standort für Tomaten, egal ob es sich um reinen Tomatenanbau oder um ein gemischtes Blumen- und Tomatenbeet handelt, ist vor einem Bretterzaun, der die Sonnenstrahlen einfängt. Übrigens ist eine Mischkultur von Tomaten und Blumen wirklich zu empfehlen, weil Insekten Blumen lieben, die Blumen also Bestäuber für die Tomaten anziehen. Eine Tomatenpflanze im Blumenbeet wird wahrscheinlich einen guten Ertrag bringen, wenn sie dazu auch noch reichlich gedüngt wird.

Weil der Zaun auch vor starkem Wind schützt, entsteht ein günstiges Klima für die Tomaten, vorausgesetzt, die Sonne erreicht sie. Denk daran, dass die Wurzeln der Pflanzen genug Platz brauchen, um sich gut zu entwickeln.

TOMATEN AUF DEM BALKON ANBAUEN

Auf dem Balkon ziehst du Tomaten am besten in Töpfen oder speziellen Pflanzkästen. Dann spricht nichts gegen einen Balkonstandort! Hast du viel Platz, kannst du sogar Stabtomaten ziehen und den Balkon mit köstlichen Tomaten verkleiden. Ansonsten eignen sich Buschtomaten am besten, sowohl kleinere Topfsorten als auch größere, die reichlich Früchte tragen.

Allerdings sollte dein Balkon nach Möglichkeit einen Wasserablauf haben, damit deine Nachbarn nicht vom Gießwasser belästigt werden. Du willst dir ja wegen der Tomaten nicht die gute Nachbarschaft verderben.

Apropos Nachbarschaft: Denk daran, dass du deine Tomaten düngen musst. Nimm ein Produkt, das nicht so stark riecht. Es gibt viele Alternativen, aber im richtigen Mischungsverhältnis eignen sich verdünnter Urin (dazu mehr auf Seite 102) und Bokashi hervorragend für Tomaten auf dem Balkon.

TOMATEN IM GEWÄCHSHAUS ODER PFLANZTUNNEL ANBAUEN

Der Anbau von Tomaten in einem Gewächshaus oder Tunnel verlängert die Pflanzsaison im Vergleich zum Anbau im Freien. Auch ein Tomatenhaus (oder kleineres Gewächshaus) an der Hauswand dehnt die Saison aus. Gewächshäuser gibt es in vielen verschiedenen Formen und Größen. Ein Pflanztunnel ist eine relativ kostengünstige Investition.

Du kannst dir auch mit einfachen Mitteln und Gewächshausfolie ein eigenes Tomatenhaus bauen. Das macht Spaß. In verschiedenen Gruppen in den sozialen Medien oder über Suchmaschinen findest du Inspiration.

Folie oder Glas? Ein Gewächshaus aus Glas ist zwar sehr schön, heizt sich aber auch stark auf. Daher solltest du dir überlegen, was du mit deinem Gewächshaus anstellen möchtest. Steht ein Raum zum geselligen Beisammensein mit schönen Abendessen ganz oben auf deiner Wunschliste? Dann solltest du dich für Glas entscheiden. Wenn es darum geht, so viele Tomaten wie möglich zu ernten, ist Kunststoff die bessere Wahl.

Bleibt noch die Frage nach der Größe des Gewächshauses. In einem größeren Gewächshaus hast du mehr Platz für Tomaten, und egal, ob aus Kunststoff oder Glas – darin ist es einfacher, eine gute Luftzirkulation zu erreichen

Denn weil zu starke Kondensation nicht gut für die Tomaten ist, muss es gut belüftet werden. Dafür kann man praktische Luken installieren, die manuell oder mechanisch bedient werden.

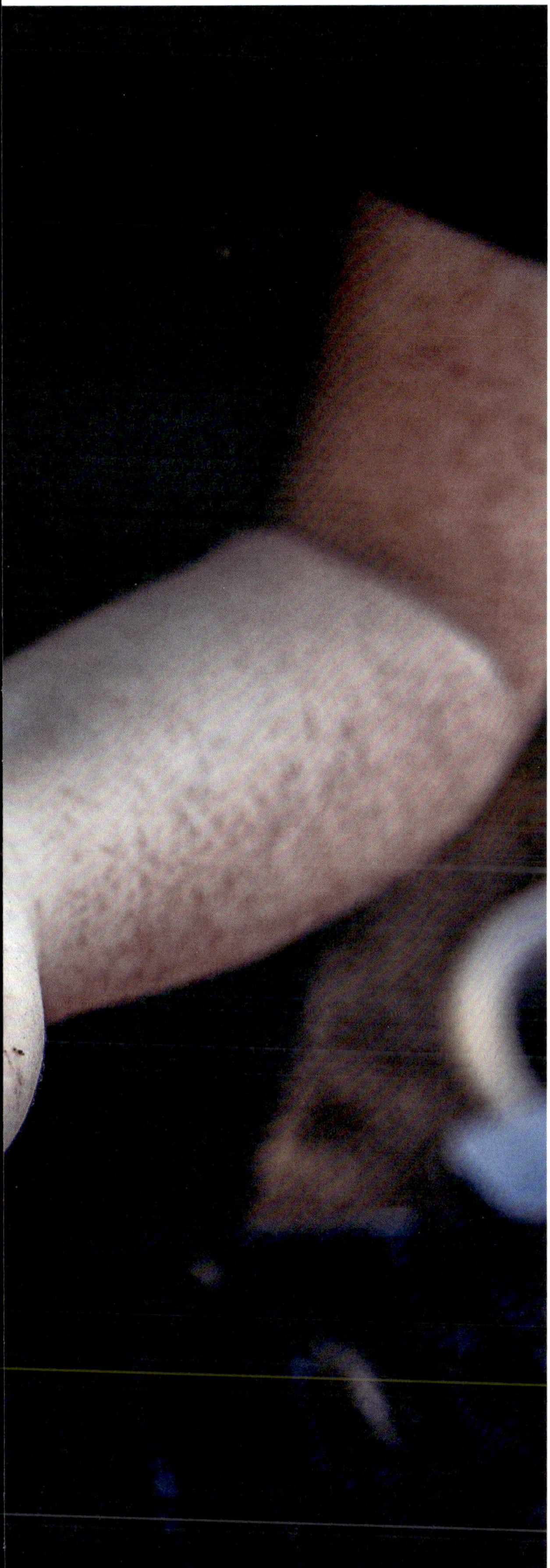

Die Aussaat

Die Aussaat von Tomaten gehört zu den schönsten Arbeiten auf der Welt. Endlich beginnt, was man schon seit Wochen geplant hat. Du darfst die sorgfältig ausgewählten Tomatensamen hervorholen und deinen Traum von einer großen Tomatenernte mit einem winzigen Samen voller Glauben an die Zukunft in die Tat umsetzen.

Mir verleiht das Gefühl von Erde zwischen den Fingern nach einem dunklen Winter Energie. Lass dich aber nicht dazu hinreißen, sicherheitshalber ganz viele Samen zu auszusäen. Man kann es leicht übertreiben. Und glaub mir, du wirst auch so reichlich Tomatenpflanzen haben.

Mit einer Aussaat im Haus verlängerst du die Tomatensaison. Denn dann sind deine Pflanzen schon auf dem besten Weg, wenn die Freiluftsaison beginnt.

AUSSAAT IM HAUS

Ohne die richtigen Bedingungen für Tomatenpflanzen solltest du nicht zu früh beginnen. Damit meine ich die Regulierung von Licht und Wärme. Denn sonst wirst du bald feststellen, dass deine Tomatenpflanzen unkontrolliert in die Höhe schießen, und plötzlich stehst du in einem unbeherrschbaren Tomatendschungel, weil es noch zu früh ist, die Pflanzen nach draußen zu bringen.

Ein guter Zeitpunkt für die Aussaat von Tomaten ist sechs bis acht Wochen vor dem Auspflanzen, das erst erfolgen sollte, wenn die Frostgefahr minimal ist. Achtung: Das Datum, wann mit dem letzten Frost zu rechnen ist, ist nur eine Schätzung. Der Frühling kann unberechenbar sein. Selbst wenn du den Termin genau berechnest und „pünktlich" aussäst, solltest du deine Sämlinge gut im Auge behalten.

Viele säen ihre Tomaten zu früh und bekommen dann lange, schlaksige Pflanzen. Tomatenpflanzen brauchen Nährstoffe und genau die richtige Menge an Wärme und Licht, um stabil und widerstandsfähig zu werden.

Du kannst aber auch „Fenstertomaten" aussäen, die sind klein und gedeihen besser, ohne zu sehr in die Höhe zu schießen. Bei Fenstertomaten handelt es sich um kleine Buschtomaten, die am besten auf der Fensterbank oder auf dem Balkon angebaut werden, ertragreich sind und sich in kleineren Töpfen wohlfühlen. Um gesunde, schöne Pflanzen zu bekommen, sind Temperatur und Licht entscheidend, ebenso wie Nährstoffe. Es ist ein bisschen wie bei uns Menschen: Wir müssen auf ein paar Aspekte achten, um gesund zu bleiben. Darüber hinaus können wir uns das Leben schön machen!

Tomatensamen kannst du in nahezu jedes Gefäß säen, solange überschüssiges Wasser abfließen kann, zum Beispiel Milchkartons, Weintraubenschachteln, Pflanztöpfe, Bonbondosen und Anzuchtplatten.

Du kannst auch den Winter über Joghurtbecher sammeln. Denk aber daran, sie gründlich zu waschen, damit sie nicht anfangen zu riechen. Denn stinkende Verpackungen schmälern den Reiz an der Aussaat im Haus.

Glaub mir: In einem Crème-fraîche-Becher entstehen genauso schöne Pflanzen wie in einem Pflanztopf.

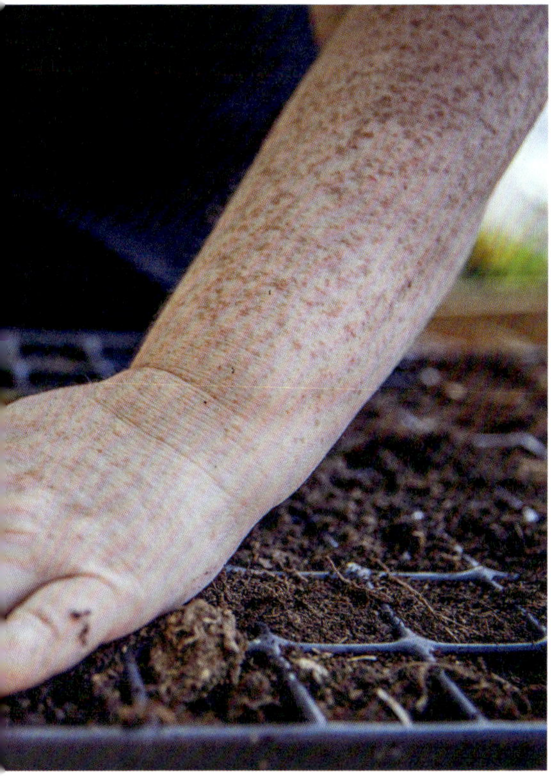

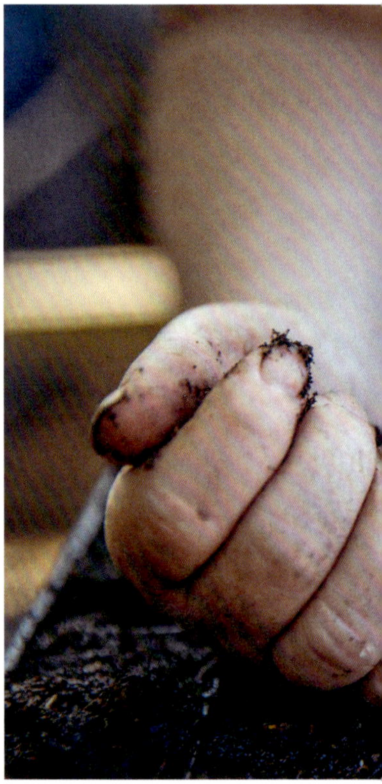

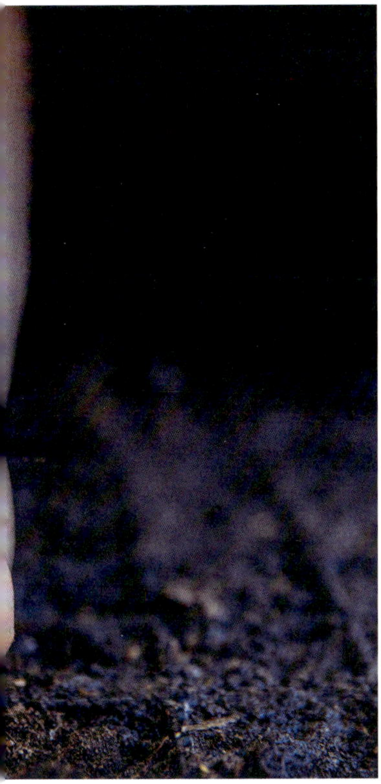

AUSSAAT IM FREIEN

Manche behaupten, dass Tomatenpflanzen im Haus vorgezogen werden müssen, weil sie Kälte nicht vertragen. Das stimmt zum Teil, denn sie reagieren empfindlich auf Frost, vor allem nach einer Vorkultur im Haus. Aber man kann Tomaten im Frühjahr auch direkt ins Freiland säen.

Dafür stellst du die Aussaatgefäße mit den Samen einfach direkt nach draußen. Am besten mit einer Plastikbox geschützt oder in einem Frühbeet. Es darf draußen ruhig noch kalt sein. Erst wenn die Temperaturen in Erde und Luft dann steigen, beginnen die Saaten zu keimen, und anfangs brauchen sie nur wenig Pflege. Und auch wenn es noch nicht sommerlich warm ist, erwärmen sich die Gefäße mit der Erde tagsüber. Wenn die Temperatur passt, beginnt die Keimung, selbst bei den im Frühjahr üblichen Temperaturschwankungen.

Bei dieser Methode verzögert sich die Tomatenernte im Vergleich zu im Haus vorkultivierten Tomaten. Andererseits erhältst du so widerstandsfähigere, an das Klima angepasste Pflanzen. Und du musst dich nicht mit widerspenstigen Pflanzen im Haus herumärgern. Du hast den Esstisch ganz für dich allein und musst ihn nicht mit Töpfen und Kästen voller Tomatenpflanzen teilen.

Du glaubst nicht, dass eine Direktsaat von Tomaten möglich ist? Dann sprich mal mit jemandem, der Tomaten auf den Kompost geworfen hat. Wahrscheinlich wirst du eine Geschichte über Tomatenpflanzen hören, die den ganzen Garten eingenommen haben. Mit Tomaten auf dem Kompost bekommst du ganz viele Tomatenpflanzen – an Stellen, an denen du sie gar nicht haben möchtest.

Der Vorteil der Direktsaat ist, dass man keine Beleuchtung einrichten muss. Die Tomaten bekommen Tageslicht und entwickeln sich durch die kühlen Temperaturen im Frühjahr zu schönen, prallen Pflanzen. Wenn Minusgrade vorhergesagt sind, kann ein Frostwächter (ein Gerät, das dazu beiträgt, die Temperatur im Gewächshaus stabil zu halten, und somit vor Frost schützt) nützlich sein. Bei einem kleineren Raum kannst du es auch mit einer Innenraumheizung versuchen. Oder du trägst die Jungpflanzen über Nacht rein oder deckst sie mit einem Vlies ab. So geschützt vertragen Tomatenpflanzen durchaus auch Minustemperaturen.

Und weil du keine Beleuchtung installieren musst, spart die Direktsaat auch Kosten. Außerdem musst du dich nicht mehr darum kümmern, deine Pflanzen abzuhärten, was du bei der Vorkultur im Haus tun müsstest. Deine direkt ausgesäten Tomatenpflanzen sind bereits abgehärtet und wachsen – vor Frost geschützt – in dem Tempo, das die Natur zulässt.

Wenn du der Direktsaat nicht ganz traust, es aber trotzdem versuchen möchtest, dann säe einfach die Hälfte der Pflanzen drinnen und die andere Hälfte draußen aus. Risikominimierung nennt man das.

PAPIERTOPFPRESSE

Mithilfe einer Papiertopfpresse (ein zylindrisches Werkzeug aus Holz mit Griff) kannst du aus Zeitungspapier eigene Anzuchttöpfe herstellen. Die sind praktisch und hübsch, und obendrein recycelst du so auch noch das Zeitungspapier.

Die Töpfe zersetzen sich nach einiger Zeit, was Vor- und Nachteile hat. Einerseits kannst du den ganzen Topf in einen größeren setzen, wenn du deine Tomaten einpflanzt. Das Zeitungspapier löst sich mit der Zeit auf. Leider bedeutet es aber auch, dass die Papiertöpfe nach Wochen mit feuchter Erde leicht kaputt gehen und daher bei Bedarf nicht so einfach an einen anderen Ort gestellt werden können.

Wenn du keine Papiertopfpresse kaufen möchtest, kannst du auch eine Flasche nehmen. Als erstes musst du Papierstreifen abreißen oder -schneiden. Nimm dann einen Streifen, etwa 10 cm breit und so lang wie eine Zeitungsseite, lege ihn auf den Tisch und die Flasche mit 2 bis 3 cm Abstand zum Rand darauf. Der Streifen wird um die Flasche gewickelt und das Zeitungspapier zum Boden der Flasche eingeklappt. So bildest du den Boden des Topfes. Ziehe dann die Flasche vorsichtig heraus und klappe etwa 1 cm des Zeitungspapiers am Rand um, um einen stabilen Topf zu erhalten. Wenn du kleinere Töpfe brauchst, kannst du mit verschiedenen Flaschengrößen experimentieren.

Dies ist eine wunderbare Beschäftigung, wenn es draußen kalt und dunkel und zum Säen noch zu früh ist, die Finger aber etwas zu tun brauchen. Zünde eine Kerze an, koche dir eine Tasse Tee und bastle Blumentöpfe!

ERDBALLENPRESSE

Du kannst auch in Erdballen säen, und mit einer Erdballenpresse lassen sich ganz viele Erdballen in verschiedenen Größen in wenigen Minuten herstellen.

Und weil du auf diese Weise weniger Kunststoff verbrauchst, wird deine Tomatenkultur nachhaltiger. Denn auch wenn ich meine Töpfe und Anzuchtplatten wiederverwende, gehen sie früher oder später kaputt. Es ist schwierig, diese Gegenstände aus Kunststoff komplett zu vermeiden. Aber man kann sie ergänzen.

Inzwischen bekommt man Erdballenpressen im Baumarkt, und ich empfehle sie sehr, wenn du so wenig Fläche wie möglich für deine Aussaaten belegen möchtest. Für die Handhabung der Presse braucht es nur ein wenig Übung, und inzwischen habe ich verschiedene Erden für die Ballen ausprobiert. Es ist wichtig, dass du eine Erdmischung nimmst, mit der die Erdballen gut zusammenhalten, d. h., sie sollte etwas Lehm oder Torf enthalten. Ich habe verschiedene Erden gekauft und ausprobiert, bis ich die richtige Mischung hatte. Und wenn meine eigene Erdproduktionsstätte bald fertig ist, werde ich die Presse auch mit Bokashi-Erde ausprobieren.

Beim Experimentieren habe ich gelernt, dass die Erde unbedingt fast nass sein sollte. Ja, wirklich nass! Erst dachte ich, feucht würde ausreichen. Aber das beste Ergebnis erhalte ich, wenn die Erde gründlich durchnässt ist und es eine richtig matschige Angelegenheit wird!

Noch ein Tipp: Decke die Gefäße, in die du deine Aussaaten stellst, mit Kunststoffdeckeln ab. Die Erdballen, vor allem die kleinsten, trocknen sehr schnell aus. Mit einem Deckel bleiben sie länger feucht, und man muss die Aussaaten nicht so oft kontrollieren.

GUTE AUSSAATERDE

Es ist sinnvoll, eigene Erde herzustellen, und es ist wichtig, Gartenabfälle so zu verarbeiten, dass sie zu neuer nahrhafter Erde werden kann. Kompostieren ist das Stichwort. Aber für meine Tomatenaussaaten kaufe ich häufig Erde oder benutze welche aus den Töpfen des letzten Jahres. Bereits einmal verwendete Erde ist nährstoffarm und eignet sich gut für die Anzucht.

Verwende am besten, was du bereits hast. Vielleicht musst du gar keine Erde kaufen. Alte Erde wiederzuverwenden, ist gut für den Geldbeutel und für unseren Planeten. Wenn du Erde kaufen musst, überlege vorher, was du genau kaufen willst. Anzuchten brauchen nicht viele Nährstoffe, dafür eignet sich Aussaaterde. Wenn die Pflanzen ein wenig gewachsen sind, müssen sie umgetopft werden, in hochwertige Erde mit mehr Nährstoffen.

Aber was macht gute Erde aus? Eine hochwertige Erde hat gute Dränagefähigkeiten, d. h., sie ist durchlässig, enthält außerdem reichlich

Nährstoffe und keine Giftstoffe, die deinen Tomatenpflanzen schaden. Die billigsten Erden in Säcken sind häufig nährstoffarm und enthalten viel Torf. Deine Tomatenpflanzen entwickeln sich von Anfang an besser, wenn sie Erde bekommen, die reichlich Nährstoffe enthält.

Um bei der Anzucht etwas Zeit zu gewinnen, kannst du nährstoffarme und nährstoffreiche Erde zusammen verwenden. Fülle das Gefäß zur Hälfte mit Pflanzerde und gib darauf Aussaaterde. Nach dem Säen bedeckst du die Tomatensamen mit Aussaaterde. Dadurch sparst du dir einmal das Umtopfen und damit Zeit und Arbeit. Die Tomaten brauchen erst mehr Nahrung, wenn sie anfangen zu wachsen. In der Aussaaterde gibt es wenige Nährstoffe, dafür umso mehr in der Pflanzerde darunter. Und die erreichen die Wurzeln nach einiger Zeit.

Ich drücke die Erde vor der Aussaat leicht an und wässere sie. Du kannst das mit der Hand oder mit einem Werkzeug machen, zum Beispiel mit einer Flasche oder einem Stempel. Im Abschnitt über nützliche Hilfsmittel werde ich darauf zurückkommen (siehe Seite 119).

Dann lege ich die Tomatensamen auf die Erdoberfläche, bedecke sie mit etwas Aussaaterde und wässere sie. Um die Feuchtigkeit länger in der Erde zu halten, kannst du sie mit einer Folie abdecken, aber das ist kein Muss.

Denk daran, die Gefäße zu beschriften, denn man vergisst leicht, was was ist. Dafur verwende ich selbstgemachte oder gekaufte Etiketten oder zeichne mir einen Plan. Wenn du zum Beispiel in einer Anzuchtplatte aussäst, kannst du die Platte abzeichnen und aufschreiben, was sich in welchem Feld befindet.

RISIKOMINIMIERUNG – ZEITVERSETZT AUSSÄEN

Wenn du die Aussaat über einen längeren Zeitraum streckst, verteilst du damit auch das Risiko, die Arbeit und die Ernte. Das ist vor allem sinnvoll, wenn du viele Tomaten aussäen möchtest. Konkret bedeutet das: Du säst in mehreren Phasen aus, um das Risiko zu minimieren, dass die Aussaat nicht klappt. Wenn du alle Tomaten auf einmal aussäst und etwas passiert, verlierst du alles. Teilst du die Aussaat jedoch auf, wird im Fall der Fälle hoffentlich nur ein Teil zerstört und dir bleiben trotzdem noch ein paar Tomatenpflanzen.

Und noch ein Vorteil: Du musst nicht alle Pflanzen gleichzeitig umtopfen. Das ist praktisch und minimiert das Risiko, beim Umtopfen wahnsinnig zu werden!

Die Aussaat über einen längeren Zeitraum zu strecken, hat auch Einfluss auf die Ernte. Wenn die Tomaten zu unterschiedlichen Zeiten reifen, hast du mehr Zeit, die Ernte zu verarbeiten.

Das zeitversetzte Säen lohnt sich aber nur bei einer größeren Anzahl an Tomatenpflanzen.

LICHT UND TEMPERATUR

Damit deine Tomatenpflanzen im Haus kräftig und nicht zu schlaksig wachsen, musst du Licht und Temperatur regulieren. Wenn es nicht hell genug ist, drehen sich die Pflanzen nach dem Licht. Bis etwa Mitte März reicht das Tageslicht nicht aus, um die Tomatenpflanzen im Haus vorzuziehen. Mit zusätzlicher Beleuchtung ist aber auch eine frühere Aussaat möglich. Darüber hinaus ist eine zusätzliche Beleuchtung auch sinnvoll, wenn es schon etwas mehr Tageslicht gibt. Etwa zehn Stunden Beleuchtung in 24 Stunden reichen, bei mir sind es meist etwa 14 Stunden.

Du brauchst keine speziellen Pflanzenlampen, um Tomaten im Haus vorzuziehen. Eine einfache Leuchtstoffröhre reicht, um den gewünschten Effekt für die Pflanzen zu erzielen. Hier kann man sich austoben, wenn man möchte, mit verschiedenen Watt- und Lumenwerten sowie verschiedenen Lichtfarben, aber notwendig ist das nicht.

Ohne künstliche Beleuchtung empfiehlt es sich, mit der Aussaat zu warten, bis reichlich Tageslicht vorhanden ist. Auch ein Fenster mit viel Lichteinfall ist wichtig. Ideal ist eine Aussaat sechs bis acht Wochen vor dem Auspflanzen. Dafür solltest du eine ziemlich gute Vorstellung davon haben, wann es an deinem Wohnort angebracht ist, die Pflanzen ins Freie zu bringen. Tomaten vertragen keinen Frost; die sogenannten „Eisheiligen" sollten also vorbei sein, wenn deine Tomatenpflanzen nach draußen kommen.

Und dann wäre da noch die Temperatur – ein etwas kniffeliges Thema. Tomatensamen brauchen 22 bis 25 °C, um zu keimen. Liegt die Innentemperatur darunter, kannst du die Aussaaten auf einen beheizten Fußboden, Heizkörper, auf den Heizkessel im Heizungsraum oder auf eine Heizmatte stellen. Nach der Keimung, wenn sich die Keimblätter gebildet haben, braucht die Pflanze etwas niedrigere Temperaturen. 17 bis 18 °C reichen, wenn die Pflanze genügend Tageslicht hat. Bei einer Temperatur unter 15 °C entwickelt sich die Tomatenpflanze nicht mehr gut, und unter 10 °C hört das Wachstum auf. Mit Licht und Wärme kannst du ein wenig experimentieren. Falls die Pflanzen in die Höhe schießen, reduzierst du die Umgebungstemperatur, indem du sie an einen kühleren Ort bringst.

Sobald die Tomatenpflanzen das erste richtige Blattpaar nach den Keimblättern entwickelt haben, ist es Zeit, sie umzutopfen. Auch wenn wir es kaum abwarten können, endlich etwas mit ihnen zu machen, sobald sich das erste Grün aus der Erde wagt: Sie sind ziemlich empfindlich, also warte, bis sie ein paar Blattpaare haben.

Wenn ich Wärme und Licht nicht richtig dosiere, werden meine Pflanzen schlaksig. Aber auch das ist kein Problem. Denn wenn das passiert, pflanze ich sie beim Umtopfen tiefer, sodass der größte Teil des Stängels in der Erde liegt. An diesem Teil bilden sich dann neue Wurzeln.

Wässere die Tomatenpflanzen regelmäßig. Aussaaten und Jungpflanzen werden am besten von unten gegossen, um das Risiko eines Pilzbefalls zu minimieren. Solltest du Ungeziefer entdecken, musst du sich sofort darum kümmern, denn junge Tomatenpflanzen sind wenig widerstandsfähig. Das gilt vor allem für Trauermücken, deren Larven sich von den Wurzeln der Tomatenpflanzen ernähren.

KURZE ZUSAMMENFASSUNG:

- Aussaat bei 22 bis 25 °C, in Aussaat- und/oder Pflanzerde.
- Tagsüber zusätzliches Licht, 10 bis 14 Stunden, sonst später aussäen.
- Temperatur auf etwa 18 °C senken, wenn die Tomatenpflanzen gekeimt sind, je nach Lichtverhältnissen.
- Regelmäßig gießen.
- Umtopfen, wenn sich das erste Blattpaar nach den Keimblättern gebildet hat.

Und vergiss nicht, mit deinen Tomatenpflanzen zu sprechen. Dann geht es ihnen besonders gut!

Tomatenpflanzen pflegen

Die Pflege der Tomatenpflanzen ist mir wichtig, auch wenn ich in manchen Jahren nicht so viel Zeit für sie habe, wie ich gerne möchte. Manchmal schaffe ich es nicht, sie richtig hochzubinden oder auszugeizen, und dann wachsen sie ziemlich wild. Aber sie wachsen. Trotzdem: Meinen Pflanzen und mir geht es besser, wenn ich die Gelegenheit habe, mich um sie zu kümmern, mit Hochbinden, Dünger und Ansprache. Sicher, die Tomaten kommen auch ohne all das zurecht. Aber mit meiner Hilfe klappt es besser, und danach lässt sich auch prognostizieren, wie groß der Ertrag voraussichtlich sein wird.

Tomaten brauchen Wasser, und ideal wäre eine möglichst gleichmäßige Bewässerung, entweder automatisch oder indem du die Pflanzen selbst jeden Morgen gießt. Deine Tomaten sollten keinen Durst leiden, die Erde darf nicht austrocknen. An heißen Tagen musst du vielleicht mehr gießen als bei bedecktem Himmel.

Um die Erde gleichmäßig feucht zu halten, ist Mulchen ideal. Wenn ich mulche, bekomme ich kräftige, schöne Pflanzen. Dafür nehme ich Grasschnitt oder Unkraut. Es kommt vor, dass ich die Erde um die Pflanze mit Blättern von Echtem Beinwell bedecke. Der Beinwell zersetzt sich schnell, und ich muss bald nachfüllen. Aber man kann die Grünmasse auch mischen.

Stabtomaten geize ich aus, möglichst regelmäßig einmal pro Woche. Dafür entferne ich neue Triebe, die sich in den Blattachseln bilden, mit den Fingern oder einer kleinen Gartenschere, damit kein Dschungel entsteht. Buschtomaten muss man nicht ausgeizen; es reicht, sie mit Bambusstäben oder einem Gerüst zu stützen.

Ich dünge einmal pro Woche oder alle zwei Wochen, je nachdem, wie es den Tomaten geht und womit ich gemulcht habe. In jedem Fall versuche ich, sie regelmäßig zu düngen, denn ich weiß, dass sie eine Extraportion Liebe brauchen, wenn sie mir eine schöne Ernte bringen sollen.

Wenn die Tomatenpflanze gelblich wird, dünge ich noch einmal, und bald darauf sind die Blätter wieder grün und der Pflanze geht es gut. Topftomaten brauchen meist etwas mehr oder häufiger als einmal pro Woche Dünger. Am besten gibst du einen schwach dosierten Flüssigdünger ins Gießwasser und düngst somit jedes Mal, wenn du die Pflanzen gießt. Denn dann haben die Tomaten kontinuierlich Nährstoffe zur Verfügung, auch wenn die Erde im Topf sie nicht so gut speichert.

Im Spätherbst, wenn die Tomaten reifen, wässere ich weniger und reduziere auch das Düngen. Die Pflanzen sollen keine neuen Früchte mehr produzieren, und für das Ausreifen der Tomaten ist nicht mehr so viel Wasser und Dünger nötig.

TOMATEN HOCHBINDEN

Es gibt viele Möglichkeiten, Tomaten hochzubinden, von Bambusstäben bis hin zu verschiedenen Tomatenstützen. Im Pflanztunnel und in meinem Kreislaufhaus, dem Freudenhaus (über das du auf Seite 89 mehr erfährst), habe ich die Tomaten mit Schnüren, Haken und Klemmen hochgebunden. Diese Methode bewährt sich seit vielen Jahren.

Ich habe meine eigenen Tomatenschnüre bzw. -haken entwickelt, aus einem dicken Stahldraht und einer groben Schnur, die in der richtigen Länge aufgewickelt ist. Dazu besitze ich Tomatenklammern, um die Schnur an der Pflanze zu befestigen. Die Tomatenhaken werden im Gewächshaus auf Drahtseile gehängt und über den Pflanzen angebracht.

Jedes Jahr nach der Pflanzsaison sammle ich sie wieder ein. Die Tomatenklammern kommen in einen Eimer, die Schnüre werden auf die Haken aufgewickelt. Man kann auch kompostierbare Tomatenschnüre kaufen. Die musst du nicht wiederverwenden. Neulich habe ich sogar Tomatenhaken gekauft, die sind ein bisschen hübscher als die selbstgemachten.

Zunächst braucht man nicht so viele Klammern, aber je mehr die Pflanze wächst, desto mehr Befestigung braucht sie. Die Tomaten so zu führen und zu stützen, ist wirklich clever.

Die Schnur wird nur an der Pflanze befestigt. Die erste Klammer kommt unter eine Verzweigung oder ein Blatt. Sicher kann man die Schnur auch irgendwo festknoten oder Zeltheringe benutzen, aber einfacher ist es so.

Du kannst die Schnüre auch ohne Klammern direkt um die Pflanze wickeln. Das reicht schon als Stütze.

TOMATENKÄFIGE

Rankhilfen sind eine weitere Möglichkeit, deinen Tomaten Unterstützung beim Wachsen anzubieten. Man nennt sie auch Tomatenkäfige, auf Englisch *tomato cages*. Diese lassen sich für einen relativ geringen Preis selbst bauen und eignen sich besonders für Buschtomaten. Mit ein wenig mehr Engagement können aber auch Stabtomaten einen Käfig bekommen.

Du brauchst eine Art Drahtzaun oder Netz, am besten mit etwas größeren Maschen, damit du auch an die Tomaten herankommst, die innerhalb des Käfigs wachsen. Ich habe mich für eine Maschengröße von 10 x 10 cm entschieden. Außerdem eine Kneifzange, um das Netz auf die richtige Größe zu schneiden. Und etwas zum Zusammenzubinden, damit sich das Netz nicht plötzlich aufrollt. Tomatenkäfige eignen sich sowohl für Topfpflanzen als auch für das Freiland.

Im Baumarkt gibt es eine große Auswahl an Netzen. Oder vielleicht liegt bei dir noch ein vergessenes Stück Schafzaun herum? Ein Blick in Garage und Keller lohnt sich – wer weiß, was sich dort noch alles findet?

Mit einem Topf kannst du die Länge des Netzes ausmessen, das du benötigst. Soll der Käfig um einen Topf herum aufgestellt werden, nimmst du am besten die Exemplare, in denen deine Pflanzen letztlich landen werden. Du kannst die Käfige aber auch im Freiland verwenden.

Schneide das Stück nach Maß ab und binde es zum Beispiel mit Blumen- oder Stahldraht zusammen. Noch einfacher: Biege die Laschen des Zauns zu Haken. Und nach der Saison rollst du die Zaunstücke einfach wieder auf und lagerst sie für die nächste Saison.

Wenn es Zeit ist, pflanze deine Tomaten und fädle sie in die Käfige ein. Bei einem Anbau in Töpfen solltest du überlegen, ob der Käfig im Topf oder außerhalb sitzen soll. Das ist wichtig, damit er später auch die richtige Größe hat. Ich habe die Käfige lieber im Topf, denn dann lassen sich die Töpfe leichter bewegen.

SO GEHT'S:

1. Ein Netz mit etwas größeren Maschen nehmen.
2. Die benötigte Länge abmessen.
3. Mit der Kneifzange abschneiden.
4. Das Netz zu einem Käfig verschließen.
5. Die Tomate einpflanzen und in den Käfig einfädeln.

Einfacher geht's nicht!

TOMATENPFÄHLE FÜR STABTOMATEN

In den letzten Jahren sieht man zunehmend Tomatenpfähle für Stabtomaten im Freien. Zum ersten Mal habe ich davon bei Kenneth Nilsson gehört, einem Journalisten mit einem Kleingarten auf Södermalm in Stockholm. Erst später begriff ich, dass viel mehr Menschen, vor allem außerhalb Schwedens, sich dieser Methode bedienen. Die Verwendung von Tomatenpfählen ist eine gute Möglichkeit, Stabtomaten im Freien anzubauen. Im Norden ist das vielleicht nicht ganz so einfach, aber in Mittel- und Südschweden kann es durchaus funktionieren. Ich habe es sowohl in geschützter als auch in windiger Lage in Anbauzone 3 ausprobiert. In offenem Gelände konnte der Wind die Tomaten ungehindert erreichen, aber die Ergebnisse waren nicht so gut wie bei den Pflanzen, die geschützt standen.

Irgendwann werde ich mal einen ganzen Tomatenwald mithilfe von Tomatenpfählen pflanzen. Allein der Gedanke an einen Tomatenwald macht mich sehr glücklich.

DU BRAUCHST:

- Pfostenanker oder Einschlagbodenhülsen
- zum Pfostenanker passende Pfosten oder Balken
- Netz oder Schnur

Leg einen Platz für den Anbau deiner Tomaten fest, am besten mit gutem, reichhaltigem Boden. Bei Bedarf kannst du die Erde mit Stallmist, Kompost oder Bokashi verbessern, damit deine Tomaten gut gedeihen. Bei mehreren Tomatenpfählen nebeneinander solltest du etwas Abstand dazwischen lassen (etwa einen Meter), damit du dich noch gut zwischen den Pflanzen bewegen kannst. Tomatenwurzeln freuen sich über viel Platz, damit sie kräftig wachsen können. Außerdem empfehle ich, dort, wo man Tomaten anbaut, zu mulchen.

Der Tomatenpfahl selbst ist eine ganz einfache Konstruktion, es braucht nicht mehr als einen kleinen Erdanker und einen Pfahl, der in den Erdanker passt. Um den im Boden verankerten Pfahl kannst du vier Tomatenpflanzen setzen. So lassen sich viele Tomaten auf engstem Raum pflanzen.

Rund um den Pfahl befestigst du ein stabiles Netz, vielleicht einen Rest Maschendraht- oder Wildzaun, den du übrig hast. Oder du kaufst ein Stück im Baumarkt. Du brauchst das Netz nicht festzunageln, sondern kannst es einfach festklemmen, da es formbar ist.

Alternativ kannst du oben am Pfahl Schnüre befestigen und bis zu den Tomatenpflanzen herabhängen lassen. Die Schnüre wickelst du um die Tomatenpflanzen oder befestigst sie mit Tomatenklammern.

Alle Stabtomaten eignen sich gut für Tomatenpfähle, denn es geht ja gerade darum, Tomaten, die nach oben wollen, auch dorthin wachsen zu lassen. Buschtomaten brauchen nicht so viel Unterstützung.

TOMATENGESTELLE, DIE SICH SEHEN LASSEN KÖNNEN

Der Bau von Gestellen für Stabtomaten macht nicht nur Spaß, sondern ist auch ganz einfach. Ein Tomatengestell hält mehrere Jahre und lässt sich sowohl in einem großen Topf als auch im Freiland einsetzen. Und es ist im Handumdrehen aus einfachen Latten oder Leisten zusammengenagelt.

Meist versuchen wir, die Stützen für die Tomaten möglichst unsichtbar zu machen und wenig Platz einnehmen zu lassen. Man kann es aber auch ganz anders angehen und der Stütze Raum im Garten geben, so wie diesen roten Tomatengestellen. Etwas mehr Mut zur Farbe! Dann werden die Tomatengestelle zu hübschen Stillleben. Und sollten die Tomaten es nicht auch schön haben?

Die Ernte maximieren

Ich beschäftige mich gerne mit der Frage, wie ich meinen Ertrag maximieren und eine möglichst vielfältige Ernte aus meinen Pflanzen herausholen kann. Deshalb überlege ich mir schon in der Planungsphase, für welchen Verwendungszweck ich welche Tomaten aussäen möchte.

Also säe ich auch Sorten, von denen ich weiß, dass sie sehr ertragreich sind, zum Beispiel wenn ich kleine Tomaten für Salate oder zum Einfrieren brauche. Auch frühe Sorten kommen infrage, denn sie produzieren über einen längeren Zeitraum Tomaten als die Pflanzen, die mehr Zeit für ihre Entwicklung brauchen.

Zur Optimierung der Ernte gehört auch, den Tomaten günstige Bedingungen zu bieten. Dafür baut man sie am besten in Hochbeeten oder Töpfen an, in denen sich die Erde leichter erwärmt. Tomaten lieben Wärme.

Mulchen unterstützt das Bodenleben und verringert die Wasserverdunstung, was ein gutes Mikroklima für die Tomaten erzeugt. Und das verbessert nicht nur die Ernte, sondern reduziert auch die Anzahl an geplatzten Tomaten, die du entsorgen musst.

Tomaten brauchen viele Nährstoffe! Überdüngung ist kaum möglich, allerdings auch nicht ganz ausgeschlossen. Aber wir können die Tomaten öfter düngen, als wir meinen. Wenn die Pflanzen reichlich Nährstoffe bekommen, produzieren sie reichlich Tomaten. Hüte dich vor zu stickstoffreichem Dünger, der statt Tomaten grüne Masse, also Laub, produziert. Phosphor und Kalium fördern den Fruchtansatz.

Der Bedarf an Stickstoff (N), Phosphor (P) und Kalium (K) ist je nach Gemüse unterschiedlich, aber für blühende Gemüsepflanzen, die Früchte tragen, sollte der Kaliumwert höher sein als der Stickstoffwert. Empfohlen ist ein Verhältnis von 4:1:6. Beinwellwasser (siehe Seite 106), als Dünger verwendet, wenn die Tomatenpflanzen zu blühen beginnen, ist reich an Kalium und unterstützt die Tomatenproduktion.

STECKLINGE

Tomaten sind leicht durch Stecklinge zu vermehren. Zum einen kannst du die ausgegeizten Seitentriebe der Stabtomaten in die Erde stecken. Dann bekommst du von jedem Steckling eine Pflanze. Oder du stellst die Triebe ins Wasser, die innerhalb einer Woche Wurzeln bilden und eingepflanzt werden können. Zu Beginn der Saison eine gute Möglichkeit, Tomatenpflanzen zu vermehren und den Grundstein für eine maximale Tomatenernte zu legen.

Eine andere Möglichkeit: Schneide zum Ende der Saison die obersten Triebe deiner Lieblingstomaten ab, pflanze sie ein und überwintere sie in einem Topf an einem hellen Fenster oder mit eigens eingerichteter Beleuchtung. Auch die Vermehrung von Tomaten im Frühjahr kann mit dieser Methode gut funktionieren, auch wenn sie etwas mühsam ist. Wenn du zum Beispiel eine F1-Pflanze hast, kannst du sie durch Stecklinge vermehren.

Im Frühjahr nimmst du neue Stecklinge von den Stecklingen, die du am Ende der letzten Saison gepflanzt hast. So erhältst du früher in der Saison Tomaten, und das völlig kostenlos (wenn du die Kosten für die Beleuchtung und die Erde außer Acht lässt).

UNREIFE TOMATEN

Im Internet gibt es haufenweise Rezepte für Marmeladen aus grünen Tomaten. Dennoch fragen sich viele, was sie mit all den grünen, unreifen Tomaten machen sollen. So viel grüne Tomatenmarmelade können wir gar nicht essen. Und Marmelade lässt sich nicht sehr vielfältig verwenden. Vielleicht bist du auch gar kein Marmeladenmensch, so wie ich …

Im Herbst finden sich in jeder Ecke meiner Küche Tomaten, reife und unreife. In Schalen und auf Tabletts warten die reifen darauf, gegessen oder verarbeitet zu werden, und die unreifen darauf, reif zu werden. Indem ich letztere im Haus reifen lasse, in ihrem eigenen Tempo, verlängere ich die Saison und vergrößere die Ernte.

Vor ein paar Jahren habe ich angefangen, ein Reifegestell zu verwenden. Das sieht aus wie eine Halterung für mehrere Backbleche übereinander. Bei mir reifen darauf nicht Teiglinge, sondern unreife Tomaten in verschiedenen Größen.

Meist sortiere ich sie: Kirsch- und Cocktailtomaten auf einem separaten Tablett, alle anderen, größeren Sorten auf einem anderen. Die kleinsten reifen in der Regel schneller als die großen, deshalb befinden sich diese Tabletts ganz oben.

Zweimal pro Woche prüfe ich die Tabletts, und entsorge faule Exemplare. Denn manchmal passiert es doch, dass eine Tomate beschädigt ist und schimmelt oder zu gären beginnt. Und ich nehme die reifen Früchte weg, die jetzt gegessen oder verarbeitet werden können.

Die Gestelle sparen viel Platz. Ich besitze drei davon, und wenn ich im Herbst alle fülle, kann ich bis weit in den Winter ein Tablett nach dem anderen abarbeiten. In der Küche bei Zimmertemperatur reifen die Tomaten in ihrem eigenen Tempo nach. Wenn es etwas langsamer gehen soll, stelle ich Tabletts an einen kühleren Ort. Dann habe ich noch lange nach der eigentlichen Saison richtig gute Tomaten. Also: Grüne Tomaten ins Haus holen, darauf warten, bis sie reif sind, und genießen.

Erde selbst herstellen

Jordmakeriet

Bodenständig und nachhaltig

Neben den Tomaten habe ich ein weiteres Lieblingsthema: Dünger und Erde. Ich könnte ununterbrochen darüber sprechen, denn beides ist unheimlich wichtig für eine nachhaltige Landwirtschaft. Eigene Erde herzustellen, ist nicht nur klimafreundlich, sondern macht auch Spaß.

Dafür gibt es verschiedene Möglichkeiten, und das Mulchen gehört zu den Methoden mit dem geringsten Zeitaufwand. Häufig lege ich Mulchstreifen im Gemüsegarten zwischen dem Gemüse an, um den Pflanzen, die dort angebaut werden, mehr Nährstoffe zu liefern und die Wasserverdunstung zu verringern. Wird der Boden abgedeckt, verringert sich der Wasserverbrauch, und das spart Zeit und Ressourcen.

Viele halten die Pflanzenhaufen in meinen Beeten wahrscheinlich für Abfälle und meinen vielleicht, dass verrottende Pflanzen Schädlinge und Ungeziefer anlocken. Ich finde es wunderschön, wenn sich verrottende Pflanzen in nahrhafte Erde verwandeln. Direkter kann man nicht kompostieren, und der Boden profitiert sehr davon. Und wenn es dem Boden gut geht, geht es auch den Tomaten gut!

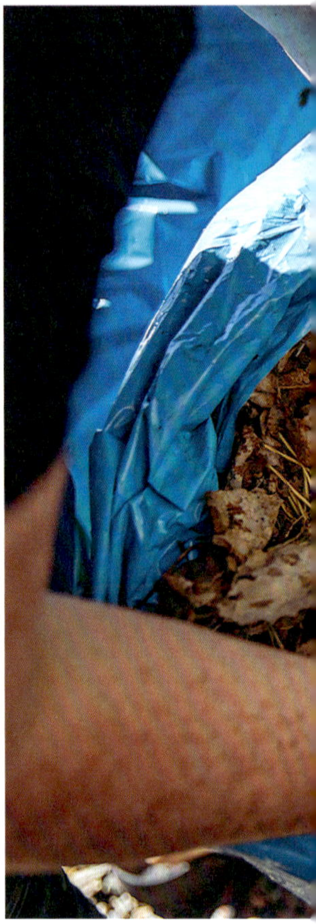

Hoffentlich ändert sich allmählich die Vorstellung davon, wie ein gut gepflegter Garten aussehen sollte. Damit gepflegt nicht mehr mit sauber und ordentlich gleichgesetzt wird, sondern im Vordergrund steht, wie es der Natur, den Pflanzen und dem Boden im Garten geht. Und wie man nachhaltig lebt.

Wenn ich die Mulchschicht wegnehme, sieht man darunter kaum Unkraut. Das Wenige, das doch auftaucht, ziehe ich heraus und lege es auf den Mulchhaufen. Auch Grasschnitt – der sich hervorragend zum Mulchen eignet – mische ich darunter, wenn ich welchen habe. Er zersetzt sich recht schnell und versorgt die Erde und das Gemüse mit einem Nährstoffkick.

Verschiedene Pflanzenmaterialien verrotten unterschiedlich schnell. Auch Beinwellblätter können für einen raschen Nährstoffschub sorgen und eignen sich als Material zum Mulchen, denn sie verrotten schnell. Außerdem lassen sich verschiedene Flüssigdünger für die Tomaten herstellen (aus Brennnesseln, siehe Seite 104, und aus Beinwell, siehe Seite 106). Schwerer Lehmboden wird am besten mit Tiermist, verrottetem Laub oder Kompost gemischt, um den Humusgehalt des Bodens zu erhöhen.

Auch Mischkulturen sind eine gute Möglichkeit, die Erde zu verbessern. Wenn du unterschiedliche Gemüsearten gleichzeitig auf demselben Beet zusammen anbaust, wird der Boden gesünder, und die verschiedenen Pflanzen schaffen mit ihren unterschiedlichen Bedingungen ein gutes Klima im Boden. Eine Monokultur – der Anbau nur einer Pflanze – führt oft zu schlechten, ausgelaugten Böden und zu starkem Insektenbefall. Tomaten und Basilikum

passen sehr gut zusammen, ebenso wie Tomaten und Tagetes. Letztere helfen auch gegen schädliche Nematoden (Fadenwürmer, über die du mehr Informationen auf Seite 133 findest). Außerdem locken sie Bienen an und sind wunderschön. Wenn du dich für Gewürztagetes wie 'Signet Lemon' entscheidest, verbreiten diese bald mit ihren herrlich leuchtend gelben Blüten einen wunderbaren Zitrusduft in deinem Garten; außerdem sind sie essbar.

Um den Boden zu verbessern, kannst du ihn mit guten aktiven Mikroorganismen versorgen. Dafür eignet sich zum Beispiel die Bokashi-Kompostierung von Küchenabfällen, die dann in deinem Garten zur Bodenverbesserung beitragen. Mehr dazu auf Seite 119.

Auch Pflanzenkohle ist eine Möglichkeit. Sie wird durch die sogenannte Pyrolyse, also das Erhitzen von organischem Material wie Pflanzenabfällen und Holzstücken in einer sauerstoffarmen Umgebung, hergestellt. Es entstehen flüssigkeits- und nährstoffbindende Kohlestücke, die du unter deine Erde mischst. Du kannst die Pflanzenkohle noch mit weiteren Zusatzstoffen wie Urin oder Bokashi-Flüssigkeit anreichern.

Ich komme immer wieder darauf zurück, wie wichtig es ist, die Erde zu pflegen und zu düngen. Erde, Erde, Erde und Dünger. Vielleicht findest du das Thema langweilig, aber es ist wichtig für alle, die nachhaltig anbauen und gesunde, gut schmeckende Tomaten ernten möchten. Eigentlich gilt das grundsätzlich: Wer von einem schönen Garten träumt, sollte darüber nachdenken, wie er das auf nachhaltige Weise erreichen kann. Wenn dein Garten gesund ist, wird er seltener von Schädlingen und Krankheiten befallen.

Tomaten im Kreislaufhaus

Mein großes Heimwerkerprojekt ist ein Gewächshaus, das ich Freudenhaus oder Kreislaufhaus nenne. In diesem Gewächshaus betreibe ich eine Wechselwirtschaft: Im Sommer wachsen dort Tomaten, im Winter wohnen dort die Hühner.

Da der Boden, auf dem die Hühner im Gewächshaus laufen, zu einem großen heißen Kompost wird, der Wärme erzeugt – ein wichtiges Element des Kreislaufhauses –, frieren die Hühner im Winter nicht. Anschließend baue ich darin die Tomaten an.

Im Sommer, wenn die Tomaten in das Haus eingezogen sind, bleiben die Hühner in ihrem Freilandbereich. Ich habe in eine automatische Bewässerung investiert, die Zeit spart und schön gleichmäßig gießt. Außerdem mulche ich, um die Feuchtigkeit in der Erde zu halten.

Da mein erstes Kreislaufhaus ein Erfolg war, arbeite ich an Freudenhaus Nummer 2. Und offenbar habe ich viele dazu inspiriert, es mir nachzumachen. Dafür braucht man nicht unbedingt ein großes Heimwerkerprojekt; auch mit einem Pflanztunnel kann man Ähnliches schaffen. Im Herbst beginnt man, für die Hühner einen warmen Untergrund zu schaffen.

Zu Beginn des Jahres ist es kalt, es gibt häufig Minusgrade, und das Freudenhaus ist mit Schnee bedeckt. Damit ein Kreislaufhaus in dieser Witterung optimal funktioniert, ist viel zu tun. Der Winter ist lang und kalt.

Trotzdem beginnen die Hühner, wenn die Tage wieder heller werden, fleißig zu legen. Sie bekommen kein zusätzliches Licht, aber Wände und Dach aus Kunststoff maximieren den Tageslichteinfall. Und die Sonne wärmt das Gewächshaus. Ich stehe gerne dort und genieße die Wärme und das Gackern der Hühner. Hier kann man durchatmen. Bei ordnungsgemäßer Bewirtschaftung gibt es keine Spur von Ammoniak. Sonst kann ein Hühnerstall schon mal stark nach Hühnerkot riechen.

Wenn es am kältesten ist, haben die Hühner zwei Wärmelampen, damit sie nicht erfrieren. Und es scheint ihnen wirklich gut zu gehen. In der Einstreu herrschen Plusgrade, selbst wenn es draußen −25 °C hat. Ein gutes Gefühl, die Hände tief in die Späne zu drücken. Ein lebendiger, heißer Kompost.

Die Hühner bekommen Futter und Wasser, und ab Anfang Februar beginnen sie zu brüten. An schönen sonnigen Tagen im Winter lasse ich sie raus, aber meist wollen sie schnell wieder hinein. Und wer könnte es ihnen verdenken? Im Freudenhaus ist es warm und gemütlich.

Im Frühjahr, d.h. Ende April oder Anfang Mai, dürfen die Hühner wieder in ihren Außenbereich mit Wind- und Regenschutz umziehen. Jetzt ist es an der Zeit, die Einstreu zusammen mit dem Hühnerkot verrotten zu lassen. Ein paar Essensreste liegen hier auch noch herum. Etwa eine Woche lang wässere und wende ich

den Boden jeden Tag, bei Bedarf auch länger. Der Kompost sollte verrotten und so weit abkühlen, dass man darin Pflanzen anbauen kann.

Den Winter über hat in der Einstreu eine Kompostierung stattgefunden. Ich habe den gesamten Boden etwa zweimal pro Monat gewendet und gewassert, um ihn mit Sauerstoff und der richtigen Menge an Feuchtigkeit zu versorgen. Es ist wichtig, die Temperatur der Späne mit der Hand zu prüfen. Wenn der Kompost, also der Einstreuboden, sorgfältig bewirtschaftet wird, schafft er Temperaturen von bis zu 15 °C.

Wenn die Hühner aus dem Gewächshaus ausziehen, wässere ich den „Mutterboden" gründlich und wende ihn einmal am Tag. Ich mische etwas Grasschnitt unter, wenn ich welchen habe. Nach ein paar Tagen ist der Boden sehr heiß, hat 40 bis 60 °C, er verrottet jetzt stark, und ich muss warten, bis der Prozess sich etwas verlangsamt. Das geht gut eine Woche lang so, bevor ich mit dem Setzen der Tomaten beginne.

Beim Pflanzen gebe ich etwas Holzasche (von unbehandeltem Holz) in die Erde und bestreue die Oberfläche damit. Ich pflanze die Tomaten direkt in die Erde, möglichst tief. Die Tomatenpflanze bildet am Haupttrieb neue Wurzeln, wenn man diesen ein Stück eingräbt. Eine Win-Win-Situation: Schlaksige Pflanzen werden stabiler und bekommen mehr Wurzeln, über die sie Nährstoffe und Wasser aufnehmen können. Die Blätter, die sich am unteren Teil des Haupttriebes befinden und mit eingegraben würden, werden vorher entfernt.

Wenn möglich, bedecke ich den Boden mit Grasschnitt, um Wasser zu sparen und die Feuchtigkeit im Boden zu halten. Seit einem Jahr habe ich auch einen Tropfschlauch, der sehr effektiv ist. Im Laufe der Jahre habe ich mit verschiedenen Beeten experimentiert:

Hochbeete, niedrige Beete, mit und ohne Rahmen. In Quer- und in Längsrichtung. Angetrieben war ich dabei von meiner Neugier, aber auch von dem, was ich hier gepflanzt habe. Meistens sind es Tomaten aller Art. Aber auch Chili, Paprika, Auberginen, Tomatillos und Physalis.

Ich liebe mein Kreislaufhaus und kann Stunden damit verbringen, es zu pflegen und zu wässern. Man braucht Ausdauer, aber die meiste Zeit liebe ich es, mich im Freudenhaus aufzuhalten!

Im Spätherbst, wenn es kalt wird, ist es an der Zeit, den Anbau im Freudenhaus zu beenden und den Einzug der Hühner vorzubereiten. In den letzten Wochen, bevor ich das Gewächshaus leere, entlaube ich die Pflanzen, damit so viele Tomaten wie möglich reifen. Man kann sie auch stutzen, um die Reifung zu beschleunigen.

Dann ernte ich mit großer Freude Tomaten in rauen Mengen. Ein Luxus, so viel essen zu können, wie man kann. Ich trage einen Korb mit reifen und unreifen Tomaten nach dem anderen ins Haus. Einen Teil mache ich ein. Stundenlang stehe ich am Herd für Tomatensauce, Ketchup, Chilisauce, eingemachte, getrocknete oder stückige Tomaten und verschiedene Eintöpfe. Unreife Tomaten lege ich auf Tabletts, damit sie im Haus nachreifen können.

Wenn alles geerntet ist, muss ich das Freudenhaus von allen Pflanzen befreien. Das sind viele Schubkarren mit Blattmasse. Danach wird das Haus von Erde befreit. Das gibt noch ein paar Schubkarren mit feinem Humus für die Beete und den Garten. In den ersten Jahren habe ich das Freudenhaus immer fast vollständig entleert. Inzwischen entnehme ich nur etwas mehr als die Hälfte des Bodens und fülle mit frischer Einstreu auf. Wenn Nester und Sitzstangen angebracht sind, dürfen die Hühner wieder einziehen.

Auf dem 50 cm dicken Bett aus Spänen leben sie sich schnell ein. Gut 30 Ballen Einstreu habe ich verarbeitet. Hier solltest du nicht sparen in der Annahme, sie später noch auffüllen zu können. Denn dann haben die Späne nicht genügend Zeit zum Verrotten, und im schlimmsten Fall kommt der gesamte Prozess zum Erliegen.

Im Winter verwöhnen wir die Hühner mit Futterresten. Was sie nicht fressen – Kaffeesatz, Zitrusschalen – wird in der Einstreu kompostiert. Manchmal lasse ich Weizen- und Haferkörner für die Hühner keimen. Dann solltest du mal das Gegacker hören, wenn sie die Leckereien bekommen. Ein vitaminreicher Snack!

Ich bin Batman

Mein Garten und meine Tomatenkulturen sind fast eine Vollzeitbeschäftigung, zusätzlich zu meinem ziemlich anspruchsvollen Vollzeitjob. Manchmal werde ich gefragt, wie ich alles schaffe, und dann muss ich zugeben, dass ich nicht alles schaffe. Vieles lasse ich einfach sein. Vor allem die langweiligen Dinge, wenn sie nicht unbedingt erforderlich sind. Man sollte sich fragen, welche Zwänge es tatsächlich gibt und wie man die priorisieren kann.

Der Tomatenanbau ist für mich eine Leidenschaft, und ich lebe dafür. Für mich hat er Priorität, weil er mir Energie verleiht. Es gibt kein Patentrezept, damit der Tag mehr Stunden hat, aber wenn du dich für eine Sache begeisterst, solltest du dir dafür Zeit nehmen. Und es ist nicht nur dein Beruf, der dich ausmacht. Also erwecke deine Gartenleidenschaft zum Leben und lass dich nicht nicht von den Zwängen des Alltags ausbremsen.

Eigener Dünger für die Tomaten

Damit deine Tomatenpflanzen gut aussehen und viele aromatische Früchte hervorbringen, ist es wichtig, sie zu düngen. Tomaten brauchen viele Nährstoffe, aber wenn du ihnen ein wenig Liebe in Form von Dünger schenkst, werden sie sich mit einer großen Ernte köstlicher, gesunder Früchte revanchieren.

Entweder kaufst du fertige Flüssigdünger, die du mit dem Gießwasser ausbringst, oder du stellst deinen eigenen Dünger her – so schonst du Ressourcen und sparst Geld. Außerdem ist die Herstellung von eigenem Düngers gar nicht so aufwendig. Eigentlich reichen ein Eimer oder ein Topf. Ich empfehle die Verwendung von stark verdünntem Urin, aber auch Beinwell, Brennnesseln und Grasschnitt sind großartig für Tomaten.

MULCHEN MIT GRASSCHNITT

Grasschnitt wird oft unterschätzt. Den Rasenschnitt auf einen Haufen am Rand des Gartens oder auf den Komposthaufen zu werfen, ist wirklich eine Verschwendung von Ressourcen. Entweder düngst du den Rasen damit, indem du das Schnittgut an Ort und Stelle liegen lässt, oder du verwendest es für deine Tomatenpflanzen. Das Düngen mit Gras liefert nicht nur gute Nährstoffe für die Tomaten. 10cm Grasschnitt rund um die Tomaten halten die Feuchtigkeit im Boden.

Das A und O, damit deine Pflanzen schöne Tomaten hervorbringen, ist das Gießen. Tomaten gedeihen gut, wenn sie gleichmäßig bewässert werden, und platzen bei ungleichmäßiger Bewässerung leicht auf. Durch das Mulchen erreichen wir eine konstantere Feuchtigkeit im Boden, also gibt es weniger aufgeplatzte Tomaten.

VERDÜNNTER URIN

Verdünnter Urin ist ein ausgezeichneter Dünger für Tomaten. Im Verhältnis von 1:10 verdünnt, hat Urin ungefähr den gleichen Nährstoffgehalt wie normaler gekaufter Blumendünger. Wer raucht oder regelmäßig Medikamente nimmt, sollte allerdings lieber darauf verzichten, seine Pflanzen mit Urin zu düngen.

Es ist so einfach: Du fängst deinen Urin in einem Eimer oder Topf auf, mischst ihn mit zehn Teilen Wasser, und schon hast du einen nährstoffreichen, völlig kostenlosen Dünger. Allerdings muss ich dich warnen: Wegen des Geruchs solltest du den Urin nicht über längere Zeit aufbewahren sondern möglichst sofort ausbringen. Die Nährstoffe bleiben zwar erhalten, aber er fängt bei Lagerung sehr unangenehm und penetrant an zu riechen.

FLÜSSIGDÜNGER AUS BRENNNESSELN

Aus Brennnesseln kann man mit verschiedenen Methoden Flüssigdünger herstellen. Wer das schon mal ausprobiert hat, kennt den beim Verrottungsprozess entstehenden intensiven Geruch. Man kann aber aus Brennnesseln auch Flüssigdünger herstellen, der nicht nach totem Affen riecht …

Als ich zum ersten Mal von der Möglichkeit hörte, das Brennnesselwasser zu fermentieren, war ich ziemlich skeptisch. Aber auch neugierig, deshalb musste ich es natürlich sofort probieren. Ich benutze Brennnesselwasser, seit ich mit Gemüsekulturen begonnen habe, und es riecht wirklich schrecklich, ist aber auch sehr wirksam. Die Aussicht, den gleichen Effekt ohne den Geruch zu erzielen, war natürlich verlockend. Und die Ergebnisse sprechen für sich. Dafür einen luftdicht verschließbaren 10-Liter-Eimer zur Hälfte mit Brennnesseln füllen, Effektive Mikroorganismen (EM) und Rohrmelasse daruntermischen und mit lauwarmem (nicht heißem) Wasser auffüllen. Einmal umrühren und dann 10 bis 14 Tage verschlossen stehen lassen. Sorge dafür, dass alle Brennnesseln unter der Wasseroberfläche bleiben, zum Beispiel mithilfe eines Steins. Vor der Verwendung des Düngers solltest du ihn im Verhältnis 1:20 verdünnen.

Im Frühjahr und Frühsommer enthalten Brennnesseln viel Stickstoff, Phosphor und Kalium, und das mögen unsere Pflanzen. Brennnesselwasser enthält auch einen hohen Anteil an Silizium, das dem Blattlausbefall entgegenwirken soll, wenn man es versprüht.

Viele pflanzliche Nahrungsergänzungsmittel enthalten Brennnessel, da sie einen hohen Nährwert hat und reich an Magnesium, Zink und Kalzium ist. Ein bisschen wie ein europäischer Ginseng. Für mich ist das Brennnesselwasser einer der besten Freunde der Tomaten und natürlich auch anderer Gemüsearten, aber der Tomate geht es mit Brennnesselwasser, ob fermentiert oder nicht, einfach besonders gut.

Der Vorteil der Fermentation ist nicht nur, dass es nicht so intensiv riecht, sondern auch, dass das Brennnesselwasser mit Effektiven Mikroorganismen nährstoffreicher ist als die herkömmliche Version. Die fermentierten Brennnesseln verarbeite ich dann beim Mulchen, und besonders die Kürbisse lieben diese Nahrung. Es ist wie eine Vitaminkur, und ich bekomme Winter- oder normale Kürbisse in schön großen Exemplaren.

Rezept für fermentiertes Brennnesselwasser:

- Brennnesseln
- 500 ml Rohrmelasse
- 500 ml Effektive Mikroorganismen (EM, flüssig in Flaschen)
- lauwarmes Wasser

BEINWELL

Beinwell ist eine wahre Wunderpflanze. Wie die Brennnessel ist er sehr nährstoffreich und unterstützt deine Tomatenpflanzen bei der Fruchtbildung. Beinwell enthält viel Kalium, das sowohl die Blüten- als auch die Fruchtbildung fördert, was ihn zu einem ausgezeichneten nachhaltigen Dünger für Tomaten, Auberginen, Paprika, Chilis und andere Fruchtgemüse macht.

Ich verwende den sogenannten Futter-Beinwell, eine Hybride aus dem Echten und dem Rauen Beinwell. Er ist ziemlich verbreitet und viele sehen darin ein Unkraut, das man nicht im Garten haben möchte. Tatsächlich gilt Beinwell als invasive Art, die sich praktisch von selbst ausbreitet, wenn man sich nicht um sie kümmert. Du solltest dir also wirklich gut überlegen, welche Beinwell-Art du in deinem Garten anpflanzen möchtest. Es gibt eine völlig sterile Sorte namens 'Bocking 14'. Diese breitet sich nicht aus und ist daher sowohl für Gärten als auch für Dünger geeignet.

Beinwellkonzentrat

Nimm einen größeren Behälter, zum Beispiel einen großen Eimer oder ein Fass, und bohre ein paar Löcher in Boden. Stelle den Behälter dann auf ein anderes Gefäß, das die Flüssigkeit auffangen kann. Den ersten Behälter füllst du mit Beinwellblättern und lässt diese stehen. Die Beinwellblätter verrotten erstaunlich schnell und sondern eine Flüssigkeit ab, die durch die Löcher in das andere Gefäß fließt. Diese Nährlösung verdünnst du mit 15 bis 20 Teilen Wasser, je nachdem, was du düngen möchtest.

Beinwelltee

Sammle Beinwell in einem Fass oder einem Eimer und fülle das Gefäß mit Wasser auf, bis die Blätter bedeckt sind. Am besten stellst du es an einen abgelegenen Ort im Garten, damit es nicht direkt neben der Terrasse steht, denn wenn die Verrottung beginnt, riecht es wirklich furchtbar. Ich mische die Blätter gerne mit Acker-Schachtelhalm und Brennnesseln, falls verfügbar. Wenn das Ganze wirklich übel riecht, nach etwa ein bis zwei Wochen, ist der Dünger fertig. Den Beinwelltee verdünnst du im Verhältnis 1:10 und wässerst damit deine Pflanzen.

Mulchen mit Beinwell

Die vielleicht einfachste Art, mit Beinwell zu düngen, besteht darin, die Beinwellpflanze abzuschneiden und sie zum Mulchen zu verwenden. Das Abdecken mit Beinwellblättern ist ideal, da sie sich schnell zersetzen und deine Pflanzen innerhalb weniger Tage Nährstoffe bekommen.

Manchmal stelle ich einen Sud aus Beinwell und Acker-Schachtelhalm als Pflanzenschutzmittel oder Medizin für meine Pflanzen her, da Beinwell viel Kalium enthält und Schachtelhalm viel Silizium. Den Sud sprühe ich prophylaktisch gegen Pilze, und wenn ich Mehltau oder Blattläuse an den Pflanzen entdecke, besprühe ich sie ebenfalls. Vielleicht hilft es. Ich möchte gerne daran glauben, aber einen wissenschaftlichen Beweis habe ich dafür nicht.

In England ist Beinwell eine sehr beliebte Pflanze zur Düngung, weil er viele Nährstoffe enthält. Daran sollten wir uns orientieren, denn die Pflanze ist anspruchslos und leicht verfügbar, einfach in der Handhabung und gut für die Erde. Auch in der Alternativmedizin ist die Pflanze beliebt. Man kann eine Beinwellpflanze drei bis vier Mal pro Saison ernten, dann braucht sie Ruhe, um sich zu erholen. Wenn du den Beinwell loswerden willst, musst du hartnäckig sein – abschneiden, abschneiden und nochmal abschneiden, bis er nicht mehr nachwächst.

bokashi

BOKASHI – FERMENTATION VON KÜCHENABFÄLLEN

Es gibt eine sehr clevere Möglichkeit, Lebensmittelabfälle zu kompostieren, und zwar im Haus ganz ohne schreckliche Gerüche. Gemeint ist die Bokashi-Methode. Das Wort Bokashi stammt aus dem Japanischen und bedeutet in etwa „fermentiertes organisches Material“. Bei dieser Kompostierungsmethode werden deine Küchenabfälle fermentiert, indem der Kompostbehälter sauerstofffrei gehalten und mit Effektiven Mikroorganismen versehen wird. Der Kohlenstoff im Kompost wird gebunden und verhindert schlechte Gerüche. Und die Zersetzung geht viel schneller!

Der Fermentationsprozess, der bei der Bokashi-Kompostierung abläuft, schafft eine Umgebung, in der Krankheitserreger und Schadpilze nicht gedeihen. Man könnte sagen, dass dabei eine „krankheitsverhindernde“ Erde mit guten Nährstoffen entsteht. Mit anderen Worten: eine Erde mit nützlichen Bakterien und Mikroorganismen, in der schädliche Pilze und Krankheiten keine Chance haben. Die Mikroorganismen begünstigen die Mykorrhiza, die Wechselwirkung zwischen Pflanzen und Bodenpilzen, und erhöhen die Widerstandsfähigkeit der Pflanzen.

Als ich mit Bokashi begann, verwendete ich normale Eimer. Denn vor der Investition in ein spezielles Exemplar mit Auslasshahn wollte ich es zunächst ausprobieren. Normale Eimer mit Deckel funktionierten gut, aber am besten geeignet waren Lebensmitteleimer aus Großküchen. Hauptsache, der Deckel schließt dicht.

Der Vorteil von normalen Eimern mit dichten Deckeln ist, dass sie relativ preiswert sind, und man sie auch für andere Dinge benutzen kann. Wenn sie voll sind, stellt man sie zur Seite, um den Fermentationsprozess anzustoßen.

Allerdings kann es schwierig sein, in normalen Eimern eine sauerstofffreie Umgebung zu erzeugen, wenn der Deckel nicht dicht schließt. Ein weiterer Minuspunkt ist, dass der Bokashi-Saft, der sich im Eimer bildet, irgendwie aufgenommen werden muss, und das ist ziemlich umständlich. Eierkartons oder Zeitungspapier am Boden des Eimers eignen sich dafür.

Ein echter Bokashi-Eimer ist dicht, denn dafür wurde er konzipiert. Außerdem hat er einen Auslasshahn, um den Bokashi-Saft abzulassen. Leider ist er auch teurer als normale Eimer. Aber eine sinnvolle Investition.

Die meisten Gemüseabfälle eignen sich für Bokashi und ergeben gute Erde. Ich gebe nichts in den Eimer, das milchsäurehaltige Produkte, flüssige Saucen oder Giftstoffe enthalten könnte. Bei uns landet nicht viel darin, weil unsere Hühner die meisten Essensreste bekommen. Aber wir kompostieren Kaffee- oder Teesatz, Bio Zitrusfrüchte, Bio-Bananenschalen, Zwiebelschalen und ein paar andere Kleinigkeiten.

Effektive Mikroorganismen kann man in verschiedenen Formen zusetzen, von flüssigen Varianten zum Sprühen bis hin zum Bokashi-Starter, einer behandelten Weizenkleie zum Ausstreuen. Sie wurde mit Effektiven Mikroorganismen fermentiert, sozusagen „aufgeladen", und dann als Bokashi-Starter verkauft.

Den Starter mag ich, weil er gut riecht, er erinnert mich ans Backen. Ich bewahre ihn in einem kleinen Behalter mit Schaufel griffbereit auf. So kann ich ganz einfach etwas davon ausstreuen, wenn ich Abfälle in den Eimer gebe.

Schlechte Erde wird zu guter Erde

Die Bokashi-Kompostierung funktioniert wirklich gut. Man vergräbt den Inhalt des gefüllten Eimers einfach direkt im Boden, und die Effektiven Mikroorganismen verwandeln ihn in gute Erde. Du kannst aber auch eine Erdproduktionsstätte einrichten, in der du ausgediente Erde und Bokashi-Kompost mischst. Nach drei bis sechs Wochen hast du wunderbar nährstoffreiche

Pflanzenerde zur Verfügung, die du zum Umtopfen und zum Anbauen von Gemüse verwenden kannst. Aus schlechter Erde und Bokashi-Kompost entsteht nährstoffreicher Boden voller Kohlenstoff und Humus. Ein Boden, der für widerstandsfähige Pflanzen und eine gute Ernte sorgt.

Ich nehme meist alte Erde vom Umpflanzen und von abgestorbenen Topfpflanzen. Auch die Chili-Pflanzen des letzten Jahres kommen hinein. Deren Töpfe leere ich im Herbst nicht aus, sondern lasse sie über den Winter so, wie sie sind. Alte Erde, oder auch „schlechte Erde", wie ich sie nenne, lagere ich in Säcken und benutze sie dann für meine Erdproduktion. Auch misslungene Aussaaten dienen als Material für die Erdproduktion. Ja, hin und wieder muss ich auch mal eine ganze Aussaatschale mit eingegangenem Material entsorgen.

Erdproduktion

Um fruchtbare Erde herzustellen, brauchst du einen größeren Behälter. Das kann zum Beispiel ein Maurerkübel, eine Vorratskiste, eine Futtertonne oder etwas Ähnliches sein. Falls du den Behälter bewegen willst, sollte er nicht zu groß sein, denn Erde ist schwer. Wenn deine Erdproduktion an Ort und Stelle bleibt, kannst du auch mehrere Palettenrahmen übereinander verwenden. Und warum nicht einfach beides? Wenn du erstmal mit der Produktion eigener Erde angefangen hast, wirst du schnell den Wunsch nach mehreren Produktionsstätten verspüren.

Eine Erdproduktion bei Raumtemperatur verwandelt schlechte Erde und Bokashi-Kompost in drei bis vier Wochen in feine Erde. In kühlerer Umgebung, zum Beispiel im Keller, läuft der Prozess langsamer ab – etwa eine Woche länger. Mit einer Fußbodenheizung können es mit Glück auch nur zwei bis drei Wochen sein. Es macht unglaublich viel Spaß, diesem Prozess zu folgen, und das Ergebnis ist pures Gold.

Anleitung für eine Erdproduktionsstätte:

1. Ein Gefäß auswählen (Maurerkübel, Vorratskiste, Futtertonne oder Eimer).
2. Fermentierte Haushaltsabfälle (also Bokashi-Kompost) mit schlechter (d. h. recycelter und/oder ausgemusterter) Erde mischen, im Verhältnis 50:50.
3. Mit 5 bis 10 cm Erde bedecken und stehen lassen.

Bokashi-Flüssigkeit

Die Bokashi-Flüssigkeit bildet sich bei der Fermentation von Essensresten. In der Regel verwende ich den Begriff Bokashi-Flüssigkeit, aber auch Bokashi-Saft ist eine übliche Bezeichnung. Du solltest diese Flüssigkeit von den Lebensmittelabfällen trennen, damit sie nicht zu riechen beginnen.

Wenn du die Lebensmittelreste in normalen Eimern fermentierst, sollten diese Eierkartons oder Zeitungspapier zum Aufsaugen der Flüssigkeit enthalten. Bei einem Bokashi-Eimer, der einen Auslasshahn und ein Gitter am Boden hat, lässt du die Flüssigkeit einfach durch den Hahn ab. Du kannst den Saft in einer PET-Flasche im Kühlschrank aufbewahren oder einfrieren und später verdünnt als Flüssigdünger verwenden. Oder die Pflanzenkohle damit wässern.

Die Bokashi-Flüssigkeit, eigentlich ein Nebenprodukt der Kompostierung, gibt Pflanzen einen unglaublichen Schub. Die Flüssigkeit steckt voller Nährstoffe und ist ein reichhaltiger Dünger, der verdünnt werden muss. Ich verdünne sie mit Wasser im Verhältnis 1:200, d.h. 50 Milliliter Bokashi-Flüssigkeit auf 10 Liter Wasser, und benutze zum Ausbringen eine Gießkanne.

Tipps und Tricks

Nützliches Zubehör

Bestimmtes Zubehör erleichtert den Tomatenanbau. Das bedeutet aber nicht, dass du in die teuersten Werkzeuge investieren musst, um die besten Tomaten zu bekommen.

Es ist schön zu sehen, dass sich immer mehr Menschen mit dem Anbau von Tomaten beschäftigen und den Reiz der eigenen Gemüseernte entdecken. Das führt aber auch dazu, dass der Markt den Trend sofort aufgreift und uns weismachen will, was wir unbedingt brauchen. Viel Zubehör wird als Must-have verkauft, ist aber meist nicht unbedingt nötig.

Du kannst klein anfangen, alles Mögliche wiederverwenden und dann langsam aber sicher deinen Vorrat an Zubehör aufstocken. Und wer weiß, vielleicht machst du es bald wie ich und zimmerst eigene Pflanzregale zusammen, um Platz für mehr Pflanzen zu schaffen?

ETIKETTEN

Ich weiß nicht, wie oft ich schon gedacht habe, dass ich mich erinnern würde, was ich wo gesät habe. Eine Zeitlang funktioniert es, aber je mehr Pflanzen es werden, desto aussichtsloser ist es. Kennzeichne dein Saatgut mit Etiketten – das hilft deinem Gedächtnis auf die Sprünge.

Es gibt eine große Auswahl, von Kunststoffetiketten bis hin zu schönen Holzvarianten. Nachhaltigkeit ist wichtig, keine Frage, aber vielleicht musst du auch ein bisschen ans Geld denken. Ich kaufe weiße Plastiketiketten, schneide sie in der Mitte durch, und schon habe ich die doppelte Menge in der für mich richtigen Größe.

Um Etiketten selbst herzustellen, nehme ich Deckel von Joghurt- oder Crème-fraiche-Verpackungen. Manchmal ist das Einfache genau richtig. Wenn du in den Wintermonaten Material sammelst, hast du im Frühjahr genügend Etiketten für die Aussaat.

Sei kreativ, es gibt fast nichts, was sich nicht dafür recyceln lässt: Alte Jalousien, auf die richtige Länge zugeschnitten, eignen sich beispielsweise hervorragend. Du kannst auch gewaschene Eisstiele verwenden; diese schimmeln aber leicht und halten vielleicht nicht die ganze Saison.

Auch Wäscheklammern kann man beschriften und am Rand des Pflanzgefäßes befestigen.

SIEB

Um Kompost- oder Bokashi-Erde herzustellen, ist ein Sieb sehr nützlich. Vielleicht verwendest du die alte Erde des letzten Jahres als Aussaaterde; in diesem Fall ist es ratsam, sie vorher zu sieben. Damit wirst du Pflanzenreste, die nicht zu Erde geworden sind, oder größere harte Erdklumpen los. Ich finde es außerdem sehr meditativ, die Erde für meine Saaten zu sieben.

Mit etwas handwerklichem Geschick kannst du einfache Siebe aus verschiedenen Arten von Netzen herstellen. Oder du benutzt die Kunststoffkisten, in denen Supermärkte ihre Pilze geliefert bekommen. Sie sind stabil und praktisch, und die Löcher haben eine gute Größe. Viele Geschäfte werfen diese Kisten weg, und wenn du nett fragst, bekommst du sie vielleicht kostenlos.

Natürlich kannst du auch Siebe kaufen. Es gibt welche, bei denen du mit verschiedenen Einsätzen arbeiten kannst, je nachdem, wie groß oder fein die Maschen sein sollen.

GIESSAUFSATZ FÜR PET-FLASCHEN

Für das Gießen der kleinen Tomatenpflanzen solltest du etwas benutzen, das eine sanfte Bewässerung ermöglicht und bei dem sich die Wassermenge leicht dosieren lässt. Es gibt Gießaufsätze für normale PET-Flaschen in verschiedenen Varianten: mit Schnabel, mit einem dünneren oder etwas stärkeren Strahl. Das ist unheimlich praktisch: Einfach eine alte PET-Flasche nehmen, mit Wasser füllen und einen geeigneten Aufsatz aufschrauben.

Ganz simpel wird es mit der MacGyver-Variante: Mit einem kleinen Bohrer oder Nagel werden Löcher in den Deckel der PET-Flasche gebohrt. Das sieht vielleicht nicht so gut aus wie die gekaufte Version, aber so lassen sich Gießaufsätze im Handumdrehen selbst herstellen. Und das ist praktisch, vor allem, wenn man wie ich ständig seine Flaschen verliert.

PFLANZTÖPFE

Wie bereits im vorherigen Kapitel erwähnt, kannst du deine Tomaten in verschiedenen

Gefäßen pflanzen. Es sei jedoch noch einmal darauf hingewiesen, dass auch Joghurtbecher, Milchtüten usw. ausgezeichnete Anzuchtgefäße darstellen.

Wenn du Tomaten in Töpfen anbauen willst, was problemlos möglich ist, kannst du auch sogenannte Tulpen- oder Schnittblumenkübel günstig oder sogar kostenlos bekommen. Supermärkte und Blumenläden verkaufen manchmal die Eimer, in denen die Schnittblumen angeliefert werden, und die eignen sich gut für den Anbau von Tomaten. Du musst sie nur mit Wasserabzugslöchern versehen. Das geht am einfachsten mit einem Lötkolben. Damit vermeidest du auch, dass sich Risse in den Eimern bilden. Brenne mehrere Löcher in den Boden oder besser in die Seite, auf 3 bis 5 cm Höhe, damit entsteht ein Wasserreservoir.

Wenn du in großen Töpfen anbauen und Platz für mehrere Pflanzen haben möchtest, kannst du Maurerkübel in verschiedenen Größen verwenden. Auch dabei gilt: Löcher produzierst du am besten mit einem Lötkolben.

ANZUCHTSCHALEN

Wirklich gute Anzuchtschalen erleichtern den Anbau, und es ist einfacher, die Pflanzen zu gießen, egal ob sie in Töpfen oder in einer Anzuchtplatte gepflanzt sind. Zu Beginn meiner Karriere als Hobby-Tomatengärtnerin bekam ich den Tipp, Schuhmatten als Anzuchtschalen zu verwenden. Sie sind in größeren Kaufhäusern oder Baumärkten erhältlich und kosten deutlich weniger als herkömmliche Anzuchtschalen. Ich verwende sie sowohl im Haus als auch im Frei-

en, wenn ich Tomaten in Töpfen anbaue und eine Unterlage brauche. Sie sind in Grau (siehe Abbildung oben) oder Schwarz erhältlich, nehmen wenig Platz weg und lassen sich leicht verstauen, wenn man sie gerade nicht braucht.

PFLANZWANNE ODER -KASTEN

Vermutlich ist inzwischen deutlich geworden, dass mir das Pflanzen und Säen wirklich Spaß macht. Aber das Ganze kann auch eine schmutzige Angelegenheit sein, wenn sich die Erde überall verteilt. Mit einer Wanne oder einer Anzuchtschale lässt sich der Dreck reduzieren. Pflanzwannen sind nützlich, wenn ich Pflanzen im Haus umtopfen oder etwas pflanzen möchte.

Im Pflanztunnel habe ich mir einen großen Pflanzkasten gebaut, in dem ich Erde mische oder auch die Platten befülle. Ab und zu wird darin auch umgetopft. Er besteht aus Sperrholz und steht auf einfachen Unterstellböcken. Das Umtopfen macht viel mehr Spaß, wenn man sich dabei einer großen Kiste voller Erde bedienen kann.

STEMPEL FÜR ANZUCHTKISTEN

Wenn du die Erde in einer großen Anzahl von Töpfen oder Aussaatschalen andrücken musst, ist ein großer Stempel sehr praktisch. Sind es nur wenige Töpfe, kannst du natürlich auch deine Hände oder den Boden einer Flasche benutzen. Aber sobald es mehr Töpfe werden, lohnt sich ein Stempel, den du auch ganz leicht selbst herstellen kannst. Ein Stück Brett und vielleicht ein Rundholz als Griff, mit einer Schraube verbunden, und fertig ist das praktische Hilfsmittel.

PFLANZENREGAL

Etwas, das mir die Anzucht von Tomaten wirklich erleichtert hat, sind Pflanzenregale mit Beleuchtung. Ich erinnere mich noch, wie mir zum ersten Mal die Idee kam und ich mit meinem Mann einkaufen ging. Das Gefühl, eine wirklich gute Idee zu haben, war unbezahlbar. Und jetzt, viele Jahre später, weiß ich, dass ich recht hatte!

Angefangen hat es eigentlich mit einem Regal aus dem Baumarkt, das ich mit Lampen versehen habe. Gewöhnliche billige Leuchtstoffröhren und eine Zeitschaltuhr genügten. Auch wenn ich kein Fan von Kunststoff bin, ist er in manchen Zusammenhängen absolut unverzichtbar! Ich habe mich für Kunststoffregale entschieden, weil es sie als Bausatz gibt und sie nicht zusammengeschraubt werden müssen. Sie sind schnell auf- und ebenso schnell wieder abgebaut.

Anfangs hatte ich ein Regal im Wohnzimmer stehen, später noch ein zweites, es war also wichtig, dass ich sie ab- und wieder aufbauen konnte, denn ich brauchte sie nur für ein paar Monate im Frühjahr. Ich hasse alles, was umständlich ist. Der einfache Auf- und Abbau war essenziell.

Das erste Regal ist jetzt über zehn Jahre alt und immer noch in gutem Zustand. Das gilt allerdings nicht für die Lampen. Bei einigen ist das Schutzglas gesprungen und sie sind vergilbt. Aber die Investition hat sich bezahlt gemacht. Pflanzenregale lege ich dir wirklich ans Herz, wenn du im Haus vorziehen möchtest. Sie sind praktisch und preiswert. Vielleicht fängst du erstmal mit einem an und prüfst, was du wirklich brauchst, bevor du weitere kaufst.

Der Einsatz von Licht empfiehlt sich, damit die Pflanzen nicht zu hoch wachsen. Noch besser ist es, wenn du auch die Temperatur regulieren kannst. Im Haus kann ich nicht mit der Heizung experimentieren, denn die Familie würde es mir

übel nehmen, wenn die Temperatur nachts auf 14 bis 16 °C sinken würde. Ich habe jedoch einen kleinen Schuppen, den ich kühler halten kann.

Anfangs sind es nur zwei Reihen Töpfe, bald werden daraus vier, Ende April sind sie hoffnungslos überfüllt, vom Mai ganz zu schweigen.

Die Leuchtstoffröhren sind an einer Kette und einer einfachen Vorrichtung aufgehängt. Dafür wird eine Schraube in den Kunststoff gebohrt und daran befestige ich die Kette. Simpel und bestens geeignet, um den Abstand zwischen Pflanze und Licht zu regulieren. Schwieriger wird es später, wenn die Pflanzen groß werden und der Abstand nicht mehr ausreicht.

Die Lampen sind an eine Steckdosenleiste und eine Zeitschaltuhr angeschlossen, damit ich nicht daran denken muss, sie ein- und auszuschalten. Zwischendurch sollten die Pflanzen etwas Ruhe bekommen; 24 Stunden Licht bedeutet Stress, und das wirkt sich auf den Ertrag aus. Meine Pflanzen bekommen normalerweise etwa 14 Stunden Licht.

Auf den Regalböden stehen passende Anzuchtschalen. Stell dir meine Freude vor, als ich feststellte, dass die Schalen, die ich für meine Anzuchtplatten bestellt hatte, auch in das Regal passten! Im nächsten Jahr bestellte ich sie sowohl für die Anzuchtplatten als auch für diese Regale.

Du kannst das Ganze natürlich auch in kleinerem Maßstab umsetzen. Man braucht nicht einen Haufen Regale und Leuchtstoffröhren für die Anzucht im Haus. Ein Tisch, über dem Leuchtstoffröhren von der Decke hängen, reicht schon. Gut wäre, wenn du die Lampen anheben und absenken könntest, je nachdem, in welchem Stadium sich die Pflanzen gerade befinden.

Fragen und Antworten

Im Laufe der Jahre sind mir viele Fragen zu Tomaten und zum Tomatenanbau gestellt worden, und einige Themen tauchen immer wieder auf. Dazu gehören Dünger und Erde – meine absoluten Lieblingsthemen, die ich bereits in den vorangegangenen Kapiteln ausführlich behandelt habe. Außerdem werde ich gefragt, woher ich meine Tomatensamen bekomme. Die verschiedenen Tricks, die ich mir im Laufe der Jahre angeeignet habe, möchte ich im folgenden Abschnitt weitergeben.

Mit fortgeschrittener Pflanzsaison erreichen mich auch Fragen zu Problemen mit Tomatenpflanzen. Eine Fehlersuche ist immer schwierig, wenn man nicht weiß, unter welchen Bedingungen die Pflanze gewachsen ist und wie sie behandelt wurde. Aber im Erste-Hilfe-Kapitel habe ich die häufigsten Schäden und Krankheiten zusammengestellt, die Tomatenpflanzen erleiden können. Vielleicht kann ich damit deine Fragen beantworten, warum die Blätter so aussehen, wie sie aussehen, oder was es mit den großen braunen Flecken auf den Tomaten auf sich hat.

WIE ERNTET UND LAGERT MAN EIGENES SAATGUT?

Tomatensamen zu sammeln, macht wirklich Spaß! Wenn man mit der Produktion von eigenem Saatgut erst einmal angefangen hat, kann man kaum noch aufhören. Man sieht nur noch Tomatensamen und plant die Kulturen danach, welche Samen man gewinnen möchte.

Auch ohne es ausufern zu lassen, ist es eine gute Möglichkeit, sich selbst mit Tomatensamen zu versorgen. Und zwar eine ökonomische, umweltfreundliche Möglichkeit. Tomatensamen sind zwar nicht teuer, aber wenn du mehrere Sorten anbauen möchtest, summieren sich die Kosten schnell. Mit eigenem Saatgut wird es billiger. Außerdem macht es Spaß, eine kleine Samenbank anzulegen, aus der man dann mit Freunden und Bekannten teilen oder tauschen kann.

Nimm für die Samengewinnung unbedingt reife Tomaten. Mit unreifen Tomaten handelt man sich schnell eine enttäuschende Pflanzsaison ein, weil die Samen nicht keimen. Viele fragen mich, warum ihre Samen im Frühjahr nicht keimen. Vermutlich liegt es daran, dass sie in ihrem Eifer Samen von unreifen Tomaten gesammelt haben. Ich lasse die Tomate fast überreif werden, bevor ich Samen ernte.

Herausdrücken und auf Papier trocknen

Tomatensamen zu sammeln ist simpel: Einfach aus der Tomate auf Küchenpapier oder einen Kaffeefilter drücken und trocknen lassen.

Bei einer Tomate mit viel Fruchtfleisch und Gallerthülle um die Samen herum nimmst du eine Gabel und ziehst einige Samen auf das Papier, anstatt die Tomate zu zerdrücken. Die Gallerthülle, die die Tomatensamen umgibt, dient als Schutz und verhindert das Keimen, daher sollte so wenig wie möglich davon auf dem Papier sein.

Und vergiss nicht, die unterschiedlichen Samen zu kennzeichnen! Meist schreibe ich den Na-

men der Sorte einfach mit einem Kugelschreiber auf das Papier, an einer Ecke, die nicht nass wird.

Die Tomatensamen trockne ich an einem luftigen, trockenen Ort. Wenn sie richtig trocken sind, kannst du sie entweder vom Papier abziehen oder das Papier zusammenfalten und aufbewahren, bis es Zeit für die Aussaat ist.

Tomatensamen fermentieren

Du kannst die Tomatensamen vor dem Trocknen gären lassen. Dieser Prozess, auch Fermentation genannt, verhindert Pilzbefall und andere Krankheiten.

Dafür brauchst du ein Messer, einige Gläser mit Wasser und etwas, um die Gläser zu beschriften. Zu leicht verfällt man der Annahme, man könne sich merken, welches Glas welche Sorte enthält, aber meiner Erfahrung nach ist das nur Wunschdenken. Ich bin inzwischen dazu übergegangen, den Namen der verschiedenen Tomatensorten auf ein Stück Papier oder ein Klebeband zu schreiben, das ich am Glas befestige.

Ich halbiere die Tomate und drücke die Kerne in das Glas mit Wasser. Ganz einfach. Die ausgedrückten Tomaten gebe ich in einen Topf oder friere sie für Saucen und Ähnliches ein.

Das Glas mit den Tomatensamen wird mit einem Deckel locker verschlossen. Und dann beginnt die Gärung. Der Prozess kann von einigen Tagen bis zu einer Woche dauern. Ein wenig Schimmel schadet den Samen nicht. Da die Fermentation Pilzinfektionen und andere Krankheiten eliminiert, besteht nur ein geringes Risiko Krankheiten zu verbreiten oder schlechte Tomatensamen zu bekommen.

Allerdings solltest du Samen, die an der Oberfläche schwimmen, entsorgen, weil sie von schlechter Qualität sind. Ich verwende nur die Samen, die sich am Boden absetzen. Dann gieße ich das Ganze durch ein Sieb und spüle die

Tomatensamen vorsichtig mit Wasser ab. Durch diesen Prozess sind die Samen länger keimfähig.

Auf Küchenpapier oder auf Pergamentpapier müssen die Samen dann gut trocknen. Kühl gelagert, können sie bis zu zehn Jahre halten und schöne Tomatenpflanzen hervorbringen.

Tomatensamen kaufen

Nur selten kaufe ich Tomatensamen im stationären Handel. Meist beziehe ich sie online bei verschiedenen Saatgutanbietern mit großem Sortiment. Außerdem beteilige ich mich an Samentausch-Netzwerken und tausche mit Freunden. Es gibt auch entsprechende Facebook-Gruppen. Am Ende des Buches findest du einige Adressen.

Wenn du Saatgut aus einem anderen Land bestellst, musst du die Einfuhrbestimmungen beachten. Für Bestellungen aus anderen EU-Ländern gibt es keine strengen Regeln. Aber du sollten auf die Lieferkosten achten und prüfen, ob der Shop auch in dein Land liefert.

Bei Bestellungen aus einem Nicht-EU-Land gelten strenge Vorschriften für die Einfuhr von Saatgut. In der Regel musst du ein Pflanzengesundheitszeugnis vorlegen und Zollgebühren entrichten.

Was ich nie tun würde

Samen aus gekauften Tomaten aufzubewahren, empfiehlt sich nicht. Denn dabei handelt es sich oft um F1-Hybriden, d.h. um Kreuzungen zwischen zwei Sorten. Sie werden gekreuzt, um die beste Tomate mit bestimmten Merkmalen und einem bestimmten Geschmack zu erzeugen, und genau diese Eigenschaften bringen ihre Samen, also Pflanzen der nächsten Generation, nicht hervor. Willst du genau die gleiche Sorte wieder anpflanzen, musst du die genaue Bezeichnung kennen und die Samen kaufen.

Ich würde außerdem keine Samen von gekauften Tomaten nehmen, da ich nichts über die jeweilige Sorte weiß, zum Beispiel wie lange es dauert, bis sie reif ist, ob es sich um eine Busch- oder Stabtomate handelt, welche Bedingungen sie braucht und wie sie zu pflegen ist.

Außerdem solltest du gekaufte Tomaten und selbst ausgesäte Tomaten nicht mischen, um Krankheiten zu vermeiden, die die gekauften Tomaten übertragen können. Da die Tomaten im Laden zum Verzehr bestimmt sind, werden sie nicht wie Saatgut getestet, und es gibt keine Garantie dafür, dass sie keine Viruskrankheiten oder andere Dinge enthalten, die deine Pflanzen und deinen Boden schädigen können. Mehr dazu im Abschnitt zu Krankheiten und Erster Hilfe ab Seite 135.

Zwar ist es ein lustiges Experiment, von einer Tomate eine Scheibe abzuschneiden und sie in einen Topf voller Erde zu stecken. In Anbetracht der obigen Ausführungen würde ich das jedoch nicht für den Anbau von Tomaten für den Hausgebrauch empfehlen.

Eine weitere Sache, für die ich niemals Zeit und Energie aufwenden würde, ist die Entnahme von Samen aus selbst gepflanzten F1-Hybriden, weil ich nicht weiß, welche Art von Tomaten sie hervorbringen werden. Wenn ich einen hohen Ertrag und die gewünschten Tomaten bekommen möchte, nehme ich kein Saatgut von F1-Sorten. Wenn mir der Sinn nach einer F1-Tomate steht, kaufe ich Samen für diese spezielle Sorte oder nehme einen Steckling.

VERTRAGEN TOMATEN KÄLTE?

Es kommt darauf an, würde ich sagen. Zu dieser Frage gibt es nicht die eine Antwort. Aber im Folgenden beschreibe ich einige Fälle, basierend auf meiner Erfahrung.

Können Tomaten bei Kälte ausgesät werden?

Ja, du kannst Tomaten im Freien aussäen, wenn es kalt ist, und warten, bis es wärmer wird. Vielleicht dauert es einige Zeit, bis sich die Tomatensamen an das Wetter angepasst haben. Andererseits ist es ja gut, dass sie erst keimen, wenn es auch an der Zeit ist.

Die Samen keimen am besten bei einer Bodentemperatur von ca. 18 bis 28 °C, deshalb ist es gut, wenn der Boden sich durch die Sonneneinstrahlung oder durch die Wärme im Gewächshaus erwärmt (dort ist es etwas wärmer als im Freien). Auch ein Frühbeet ist eine Möglichkeit. Darin wird die Keimung durch eine Heizung von unten unterstützt. Selbst ein Frühbeet ohne Heizung bietet schon einen guten Schutz. Auch schwarze Töpfe speichern Wärme.

Es kommt vor, dass Komposterde Tomatensamen enthält, die dann im Frühjahr bei Wind und Wetter keimen. Plötzlich wachsen in großen Gartenanlagen, wo Komposterde verwendet wird, überall Tomaten!

Vertragen Tomaten keine Temperaturen unter 15 °C?

Doch. Tomatenpflanzen gedeihen auch bei Temperaturen unter 15 °C, entwickeln sich aber etwas langsamer, wenn sie noch im Wachstum sind. Es stimmt zwar, dass bei Kälte das Wachstum von Tomaten aufhört, aber sie sterben nicht davon, es sei denn, es gibt Frost.

Manchmal ist es sogar gut, wenn die Pflanzen langsam wachsen und nicht zu schlaksig werden. Stabile Tomatenpflanzen sind widerstandsfähiger gegenüber Krankheiten und können schwere Früchte besser halten. Manchmal färben sich die Blätter ein wenig violett. Das liegt daran, dass die Tomatenpflanzen in der Kälte Phosphor nicht so gut aufnehmen können. Das kompensieren sie in der wärmeren Jahreszeit.

Vertragen Tomaten Frostnächte?

Tomatenpflanzen sind frostempfindlich. Temperaturen knapp unter dem Gefrierpunkt können kräftige Exemplare durchaus überstehen, aber es ist ein Glücksspiel. Es hängt auch davon ab, ob die Pflanze frisch gegossen wurde oder nicht. Ist sie voller Wasser, halte ich es für unwahrscheinlich, dass sie Frost übersteht. Sollte es mal eine ganze Nacht lang mehrere Grad unter Null sein, hast du Pech, wenn du deine Tomatenpflanzen nicht geschützt hast.

Beim Auspflanzen sollte man darauf achten, dass die Temperatur nachts konstant bleibt und nicht unter 8 °C fällt. Es empfiehlt sich, die Tomatenpflanzen mit einem Vlies oder alten Bettlaken einzupacken, um sie auch im Freien warm zu halten. In Pflanztunneln und Gewächshäusern überleben sie leichter.

Sollten Tomaten im Kühlschrank aufbewahrt werden?

Viele Menschen lagern ihre Tomaten zusammen mit anderem Gemüse im Kühlschrank, weil sie glauben, dass sie sich so länger halten. Ich empfehle das nicht. Tomaten halten sich im Kühlschrank nicht so gut, außerdem verlieren sie an Aroma. Davon abgesehen gehört die Tomate zu den klimafreundlichen Gemüsen oder Früchten, gerade weil man sie nicht Kühlschrank aufbewahren muss.

Kann man Tomaten einfrieren?

Natürlich, Tomaten lassen sich auf verschiedene Art einfrieren. Viele (ich auch) verarbeiten sie vorher zu Saucen. Aber ich friere auch ganze Tomaten ein. Tomaten gleicher Größe kommen einfach in Gefrierbeutel und so, wie sie sind, in den Tiefkühlschrank. Im Winter und Frühjahr nehme ich dann so viele Tomaten heraus, wie ich für Aufläufe und Ähnliches brauche.

SIND GRÜNE TOMATEN UNREIF?

Wir neigen dazu, grüne Tomaten als unreif zu bezeichnen. Das kann zu Begriffsverwirrungen führen. Es gibt Sorten in vielen verschiedenen Farben – auch grüne. Beispiele für grüne Tomaten sind 'Green Zebra', 'Michael Pollan' oder 'Green Sausage'.
Übrigens: Wer auf rote Tomaten allergisch reagiert, kann grüne probieren, denn sie enthalten nicht den roten Farbstoff, der für die allergische Reaktion verantwortlich ist.

DER BESTE TIPP FÜR REIFE TOMATEN?

Normalerweise lasse ich die Früchte in ihrem eigenen Tempo reifen. Unreife Tomaten hole ich im Herbst ins Haus und lasse sie im Haus nachreifen.

Mische fast reife Exemplare mit unreifen – erstere setzen Ethylen frei und beschleunigen die Reifung der unreifen Früchte. Das geht auch mit reifen Äpfeln zwischen den Tomaten, denn Äpfel sondern das gleiche Gas ab.

WELCHE TOMATENSORTEN EIGNEN SICH AM BESTEN FÜR FREILANDANBAU?

Buschtomaten, die kuhleres Wetter vertragen, gedeihen in der Regel gut im Freien. In kühleren Gegenden eignen sich Sorten aus Russland und den baltischen Staaten.

AB WELCHER NACHTTEMPERATUR MUSS MAN NERVÖS WERDEN?

Wenn die Tomaten im Pflanztunnel sind, geht es ihnen auch bei kaltem Wetter ganz gut, weil es im Tunnel keinen Wind gibt. Nervös werde ich bei −5 °C, dann decke ich sie mit Vlies ab. Bei Temperatuten unter −10 °C nehme ich eine doppelte Vliesschicht. Im Freiland solltest du ein Vlies verwenden, sobald Temperaturen unter Null angekündigt werden.

WIE VIEL LAUB SOLLTE MAN ENTFERNEN?

Meiner Meinung nach ist es wichtig, dass die Luft zwischen den Pflanzen zirkulieren kann. Manche entfernen viele Blätter, andere wiederum gar keine. Normalerweise nehme ich so viel Laub weg, dass die Pflanzen Luft haben, wenn ich sie dicht nebeneinander setze. Später in der Saison nehme ich mehr Laub weg, weil es im Gewächshaus feucht ist und ich nicht will, dass die Pflanzen faulen. Das Entlauben ist aber nicht nötig, damit die Tomaten reif werden.

MÜSSEN TOMATENPFLANZEN AUSGEGEIZT WERDEN?

Im Gegensatz zu Buschtomaten sollten Stabtomaten ausgegeizt werden. Stabtomaten können leicht schlaksig und unhandlich werden, wenn man die Geiztriebe nicht entfernt.

WAS SIND NEMATODEN?

Nematoden sind mikroskopisch kleine Fadenwürmer. Es gibt Tausende von Arten, einige sind schädlich für Pflanzen, andere nützlich. Wurzelälchen ernähren sich von Wurzeln, hemmen das Wachstum und töten kleine Pflanzen ab. Blattnematoden leben im Inneren der Blätter.

Es gibt auch Nematoden, die als Parasiten leben und bei einem Trauermückenbefall nützlich sind. Sie werden einfach ins Gießwasser gemischt. Wenn du deine Tomatenpflanzen damit gießt, ernähren die Nematoden sich von den Trauermückenlarven im Boden.

Erste Hilfe

Leider gibt es einiges, was beim Tomatenanbau schiefgehen kann. Am besten beugst du gegen Schäden und Krankheiten vor, indem du für ausreichend, aber nicht zu viel Wasser, eine gute Erde, die richtige Menge an Nährstoffen und genug Abstand zwischen den Pflanzen sorgst. Aber selbst wenn du deine Tomatenpflanzen nach bestem Wissen und Gewissen pflegst, kann es zu Problemen kommen. Deshalb habe ich einige Erste-Hilfe-Tipps zusammengestellt.

GELBE BLÄTTER

Wenn die Blätter deiner Tomatenpflanzen gelb werden, d.h. die grüne Farbe in ein gelblicheres Grün übergeht, fehlen ihnen Nährstoffe. Für Wachstum und Tomatenproduktion benötigen Tomatenpflanzen viele Nährstoffe.

Junge Pflanzen brauchen Platz für die Wurzeln. Vielleicht ist es also an der Zeit, sie umzutopfen. Es kann auch sein, dass die Tomatenpflanze alle Nährstoffe aus dem Boden aufgenommen hat und du sie entweder umtopfen oder düngen solltest. Ich setze auf verdünnten Urin, einen vollkommen kostenlosen Dünger. Aber unbedingt gut verdünnen (siehe Seite 102)!

AUFGEPLATZTE TOMATEN

Manchmal platzen die Tomaten auf. Wenn man sie schnell entdeckt, kann man sie dann durchaus noch essen. Allerdings werden sie oft von Insekten befallen, die auch Lust auf die Süße der Tomaten haben. Einige Sorten sind anfälliger als andere und müssen vorsichtig behandelt werden. Wenn du jedoch feststellst, dass deine Tomaten öfter als üblich aufplatzen, liegt das wahrscheinlich an ungleichmäßiger Bewässerung oder zu großen Temperaturschwankungen.

Dem kannst du durch Mulchen vorbeugen, und indem du die Temperaturunterschiede, zum Beispiel in einem Gewächshaus oder einem Pflanztunnel, so gering wie möglich hältst. Hier kommt ein alter Trick, der gut funktioniert: Eine Wassertonne im Gewächshaus speichert die Wärme vom Tag für die Nacht. Eine andere Möglichkeit sind Steine, wie Pflastersteine oder Platten, die Wärme speichern.

LANGE, SCHLAKSIGE PFLANZEN

Manchmal gelingt einem nicht alles so, wie man es sich vorstellt. Selbst den Besten passiert es, dass die Tomatenpflanzen in die Höhe schießen und Spaghetti-Beine entwickeln. So nenne ich sie, weil die Stängel sich wie (nicht al dente) gekochte Spaghetti verhalten. Auch mir passiert das. Keine Sorge, dafür gibt es eine Lösung.

Tomaten bilden am Haupttrieb Wurzeln, wenn man diesen unter die Erde bringt. Du kannst die Pflanzen also so einpflanzen, dass die Spaghetti-Beine verschwinden. Nimm einfach einen tieferen Topf oder vielleicht einen alten Milchkarton, der tief genug ist, und pflanze deine Tomate um.

Leider verbraucht diese Lösung viel Erde, wenn du mehrere Tomatenpflanzen umtopfen musst. Um das zu vermeiden, kannst du den Haupttrieb, wie auf dem Bild zu sehen, vorsichtig am Rand des Topfes entlanglegen, bis die Tomatenpflanze auf der richtigen Höhe ist. Dann füllst du den Topf vorsichtig mit Erde.

Mit den neuen Wurzeln erhältst du eine stabile und robuste Tomatenpflanze, die hoffentlich großartige Tomaten hervorbringt. Vielleicht solltest du aber Wärme und Licht entsprechend anpassen, damit die Tomate nicht wieder in die Höhe wächst.

EINGEROLLTE BLÄTTER

Es kann viele Gründe geben, warum sich die Blätter deiner Tomatenpflanzen einrollen. Eine der häufigsten Ursachen sind zu viele Nährstoffe. Warte mit dem Düngen, dann erholt sich die Pflanze wieder.

Vielleicht ist es deinen Pflanzen auch zu warm geworden. Das passiert bei mir manchmal im Pflanztunnel. Wenn die Temperatur zu hoch ist, rollen sich die Blätter einfach ein – eine physiologische Schutzfunktion, mit der sich die Pflanze gegen Austrocknung schützt und die Verdunstung reduziert. Dann muss man versu-

chen, die Temperatur zu senken, indem man die Fenster und Türen öffnet, und die Pflanzen vorsichtig gießen.

Eingerollte Blätter deuten darauf hin, dass etwas nicht in Ordnung ist. Wenn nichts davon zutrifft, ist es an der Zeit, die Blätter auf Schädlinge wie Blattläuse zu untersuchen. Sie saugen die Nährstoffe aus den Blättern, die sich dann zusammenziehen.

Blätter, die sich einrollen und trocken werden, können auch ein Zeichen für Magnesiummangel sein. Dann hat die Tomatenpflanze gelb-braune Flecken auf den Blättern. Magnesium konkurriert in der Pflanze mit Stickstoff und Kalium, und wenn diese beiden Elemente in großen Mengen vorhanden sind, kann es leicht zu Magnesiummangel kommen, insbesondere in Böden mit niedrigem pH-Wert, zum Beispiel bei Torfböden. Wenn du Tomaten in Beeten anbaust, solltest du zu Beginn der Saison Magnesium in Form von Bittersalz zugeben.

WEISSE FLECKEN AUF DEN BLÄTTERN

Weiße Flecken auf den Blättern deuten auf Sonnenschäden hin. Wahrscheinlich wurden die Tomatenpflanzen durch starke Sonneneinstrahlung verbrannt, vielleicht beim Auspflanzen ins Freie oder wenn sie am Fenster standen.

Wenn die Pflanze nicht zu stark geschädigt ist, überlebt sie in der Regel, sieht allerdings nicht mehr schön aus. Bei Bedarf kannst du sie mit einem Pflanzenvlies schützen.

KRAUT- UND BRAUNFÄULE

Die Kraut- und Braunfäule wird vom Pilz *Phytophthora infestans* verursacht. In manchen Jahren ist diese Pilzerkrankung eine große Plage, vor allem dort, wo viele Menschen viele verschiedene Dinge auf engem Raum anbauen, zum Beispiel in Kleingartenanlagen oder in Wohngebieten. Da sich der Pilz mit dem Wind leicht verbreitet und die Sporen sich nicht eindämmen lassen, kann er die gesamte Tomatenkultur befallen.

Die Fäule betrifft vor allem Freilandtomaten, kann aber auch in Gewächshäusern auftreten. Der Pilz befällt die gesamte oberirdische Tomatenpflanze, und zunächst sieht man nur, dass die Blätter graubraune Flecken bekommen und schlapp aussehen. Am Stängel sind braun-schwarze Flecken zu erkennen, die sich bald auf der ganzen Pflanze bemerkbar machen. Sobald eine Tomatenpflanze infiziert ist, schreitet der Befall schnell voran, und innerhalb einer Woche kann die Pflanze verwelken und absterben. Die Frucht entwickelt matschig-braune Flecken und verfault. Leider ist eine von der Krautfäule befallene Tomatenernte kaum zu retten.

Da Tomaten und Kartoffeln miteinander verwandt sind, kann die Fäule beide befallen. Du reduzierst also das Risiko eines Befalls deiner Tomaten, wenn du keine Kartoffeln in der Nähe anbaust. Darüber hinaus ist es schwierig, Freilandkulturen in Beeten oder Töpfen zu schützen. In Gewächshäusern kann man vorbeugen, indem man starke Temperaturschwankungen minimiert, die Kondenswasserbildung verursachen, und nicht zu dicht pflanzt.

Wenn du bei deinen Tomatenkulturen Kraut- und Braunfäule entdeckst, solltest du die betroffenen Pflanzen so schnell wie möglich entfernen und entsorgen, um eine Ausbreitung zu verhindern. Gib auf keinen Fall befallene Pflanzenteile in den Kompost! Du willst ja nicht, dass deine Pflanzen im nächsten Jahr davon befallen werden. Und achte darauf, die Infektion nicht auf die Kulturen deiner Nachbarn zu übertragen.

BLÜTENENDFÄULE

Die Blütenendfäule stellt für viele Tomatenkulturen im Sommer und Herbst eine Bedrohung dar. Sie ist an einem braunen oder bräunlich-grünen Fleck am unteren Teil der Tomate zu erkennen, wo sich der Blütenansatz befand. Im Laufe der Zeit ändert der braune Fleck seine Farbe und wird größer. Manchmal verfault die Tomate im Inneren – kein schöner Anblick.

Die Blütenendfäule ist nicht ansteckend, weil es sich nicht um eine Krankheit handelt, sondern eine Beschädigung, die durch Schwierigkeiten bei der Aufnahme und Verteilung von Kalzium entsteht. Temperaturschwankungen, insbesondere bei großen Unterschieden zwischen Tages- und Nachttemperaturen, und ein ungleichmäßige Bewässerung sind die häufigsten Ursachen.

Mit Kalzium zu düngen wird das Problem nicht lösen, weil es sich nicht um einen Kalziummangel im Boden handelt. Wenn du in gut gedüngte Erde pflanzt, ist diese wahrscheinlich kalziumhaltig. Es muss also andere Gründe dafür geben, warum die Tomatenpflanze Schwierigkeiten hat, Kalzium zu aufzunehmen.

Ursachen der Blütenendfäule:
- ungleichmäßige Bewässerung
- Temperaturschwankungen
- zu eng gesetzte Pflanzen
- schlechte Luftzirkulation
- große Blattmasse
- beschädigte Wurzeln

Leider ist es schwierig, etwas gegen die Blütenendfäule zu unternehmen, wenn sie erst einmal aufgetreten ist.

Du kannst jedoch das Risiko bei deinen Tomatenpflanzen durch gute Planung verringern. Dabei geht es um:

Temperatur und Luftzirkulation

Setze die Pflanzen nicht zu dicht. Die Luft muss sich zwischen den Pflanzen bewegen können. Es gibt viele Diskussionen und Meinungen darüber, ob man die Pflanzen entlauben sollte, um die Blattmasse zu reduzieren. Wenn es viel Blattmasse gibt, weil ich eine stickstoffreiche Erde habe, mache ich das in der Regel.

Darüber hinaus kannst du für Durchlüftung sorgen, wenn es sehr heiß ist oder die Sonne brennt. Temperaturen über 30 °C sind nicht gut für Tomaten, es entsteht ein ungünstiges Klima.

Wasserversorgung

Es ist ratsam, Tomaten nicht mit einem Rasensprenger zu bewässern, da nur ein Bruchteil des Wassers der Pflanze zugute kommt. Wässere lieber punktuell mit einer Gießkanne oder einem Schlauch und konzentriere dich dabei auf den Boden direkt um die Tomate.

Eine andere Lösung ist, PET-Flaschen mit Wasser zu füllen und kopfüber neben der Tomatenpflanze in die Erde zu drücken. Das spart Wasser und ermöglicht dir eine punktuelle Bewässerung. Eine einfache, effektive Lösung.

Du kannst auch in ein Tropfbewässerungssystem investieren, um den Wasserverbrauch zu senken und eine punktuelle Bewässerung zu ermöglichen. Seitdem ich gleichmäßiger gieße, habe ich die Blütenendfäule minimiert. Sowohl eine Tropfbewässerung als auch das Mulchen schaffen ein günstiges Klima.

Effektive Mikroorganismen, Bokashi-Kulturen oder mikrobielle Kulturen

Du kannst Effektive Mikroorganismen, Bokashi-Kulturen oder Mikroben zur Erde geben. Das sind Mischkulturen aus natürlichen probiotischen Hefen, Milchsäurebakterien und Fotosynthese-Bakterien, die die Bodenqualität und die Mikroorganismen im Boden fördern.

Das ist kein Muss, es ist durchaus möglich, ohne Zugabe von Mikroorganismen auszukommen, weil diese bereits reichlich im Boden vorhanden sind. Aber wenn du deinen Tomatenpflanzen etwas Gutes tun möchtest, nur zu. Außerdem fördert es das Wurzelwachstum, die Wurzeln werden widerstandsfähiger und können Kalzium besser aufnehmen.

HERBIZIDSCHÄDEN

In den letzten Jahren waren Hobbygärtner in Schweden vom sogenannten Pyralid-Skandal betroffen. Aminopyralid und Clopyralid sind chemische Herbizide, die von Landwirten eingesetzt werden und deren Abbau Jahre dauert.

Wenn wir Pech haben, gelangen die Gifte über Düngemittel und Erden in unsere Pflanzen. Es hat sich gezeigt, dass viele gekaufte Düngemittel und Erden mit Düngerzusatz diese Herbizide enthalten, die den Tomaten, aber auch anderen Pflanzen schaden können.

Flüssigdünger besteht häufig aus Vinasse, einem Nebenprodukt der Zuckerproduktion. Zuckerruben werden mit Herbiziden besprüht, deren Reste in dem Produkt verbleiben, das wir als Dünger verwenden.

Andere Tomatenzüchter haben Herbizidschäden an Tomatenpflanzen festgestellt, wenn sie Pferdemist direkt vom Landwirt verwendet haben. Leider können Herbizide auch in Tierfutter oder im Stroh, das als Einstreumaterial verwendet wird, enthalten sein. Analysen der Nationalen Organisation für Freizeitlandwirtschaft in Schweden haben gezeigt, dass in dem Pferde-, Kuh- und Hühnermist, den wir verwenden, giftige Rückstände verbleiben.

Herbizidschäden an Tomaten zeigen sich u. a. durch abnormales Wachstum und seltsame Blätter in unterschiedlichen Formen. Ein deutliches Anzeichen ist, dass sie sich einrollen und schlecht oder falsch wachsen. Hoffentlich wird dies in naher Zukunft kein Thema mehr sein, wenn wir uns für eine nachhaltigere Landwirtschaft einsetzen – sowohl im professionellen als auch im Hobby-Gartenbau.

BLATTLÄUSE

Manchmal werden Tomatenpflanzen von Blattläusen befallen, was kein Anlass zur Sorge sein muss. Blattläuse loszuwerden, ist recht einfach. Man sollte es aber auch tun, denn die kleinen Tierchen entziehen den Pflanzen die Nährstoffe, und bei einem größeren Befall könnte sie das zerstören. Bei größeren Pflanzen besprühe ich die Blattläuse mit Wasser, bei kleineren zerdrücke ich sie mit den Fingern. Solltest du die Plagegeister dadurch nicht loswerden, kannst du deine Pflanzen mit Seifenwasser besprühen, das mögen sie nicht. Und bei einem ganz hartnäckigen Befall verwendest du Seifenwasser mit etwas Brennspiritus. Die Lösung soll auch gegen Schädlinge wie Thripse und Mehltau-Pilze wirksam sein.

Seifenwasser gegen Blattläuse:

- 50 ml Seife
- 2 EL Brennspiritus

Seife und Brennspiritus in 1 Liter Wasser mischen und mit einer Blumenspritze auf die betroffenen Bereiche sprühen.

LARVEN

Die Larve Nummer eins, die an deinen Tomaten großen Schaden anrichten kann, ist die Gemüsefliege. Es handelt sich um eine sehr hungrige Nachtfalterlarve.

Sie ist 2 bis 3 cm lang, meist grün, sitzt auf den Tomatenpflanzen und lässt es sich dort gutgehen. Meist frisst sie ein Stückchen von einer Tomate und krabbelt dann zur nächsten; wenn man Pech hat, bleibt einem am Ende ein ganzer Haufen halb reifer, angefressener Tomaten.

Die Larve kann ihre Farbe ändern, von Grün in verschiedene Brauntöne. Meist versteckt sie sich an einer Blattrippe, am Blattrand oder am Stiel. Eines ihrer Merkmale ist ein gelber Streifen auf dem Körper, der besser sichtbar ist, wenn die Larve grün ist, und verblasst, wenn sie die Farbe zu Braun ändert.

Das Gefühl, wenn man Löcher in den Tomaten entdeckt und sieht, dass die monatelange Arbeit umsonst war, ist wirklich nicht schön. Aber wenn du aufmerksam bist und den gefräßigen Schädling findest, kann du deine Tomaten leicht retten. Solltest du Spuren einer Larve auf den Tomaten entdecken, wirst du höchstwahrscheinlich auch einige schwarze Kothäufchen sehen.

Zum Bekämpfen verwendest du am besten ein biologisches Schädlingsbekämpfungsmittel, das das Bakterium *Bacillus thuringiensis* enthält. Das greift sowohl kleine als auch große Mottenlarven an (Bezugsquellen findest du am Ende des Buches). Ansonsten entfernst du die Larven einzeln von Hand. Du kannst die Tomatenpflanze auch vorsichtig schütteln und sehen, ob Larven herunterfallen. In der Regel funktioniert das gut.

TRAUERMÜCKEN

Viele von uns hatten schonmal Probleme mit Trauermücken an Zimmerpflanzen. Manche Leute nennen sie Fruchtfliegen, aber ich bin mir sicher, dass es sich um Trauermücken handelt.

Die Trauermücke selbst ist nicht gefährlich, aber es ist unangenehm, diese Insekten in den eigenen vier Wänden zu haben. Außerdem legen sie ihre Eier in der Erde ab, und die schlüpfenden Larven ernähren sich gerne von jungen Wurzeln. Es braucht nicht viel, um kleine Pflanzen und Stecklinge zu schädigen, und die Larven der Trauermücke können verheerend sein!

Manche sagen, man könne Zigarettenkippen in Topfpflanzen stecken oder eine Gießflüssigkeit aus alten Zigarettenkippen herstellen. Vielleicht stimmt das sogar. Denn von Nikotin stirbt fast alles. Aber auf lange Sicht ist das bestimmt nicht gut. Und bei Pflanzen, die ich später essen will, kommt es für mich erst recht nicht infrage!

Stattdessen benutze ich zwei andere Dinge gegen Trauermücken: Gelbtafeln und Nematoden. Ich schneide aus den gelben Klebefallen längliche Streifen und befestige sie an Holzspießen, die ich dann in die Erde stecke. Die Insekten werden von der gelben Farbe angezogen und bleiben an der klebrigen Oberfläche hängen. Ich möchte verhindern, dass sie überhaupt Eier legen, also bin ich froh, wenn sie an den gelben Klebestreifen kleben bleiben.

Nematoden bestelle ich im Internet. Sie bekämpfen das Larvenstadium im Boden und nicht die Trauermücken selbst. Deshalb ist die Kombination mit Klebestreifen sinnvoll. Es dauert etwa zwei Wochen, bis sich die Trauermücken nicht mehr vermehren.

Mit der Kombination aus Nematoden und Gelbtafeln habe ich ein gutes Gefühl, denn diese Methode schadet weder der Erde noch den Menschen. Die Raubmilbe Hypoaspis miles ist ebenfalls sehr wirksam bei der Bekämpfung von Trauermückenlarven. Biologische Schädlingsbekämpfung ohne tödliche Stoffe wie Nikotin sollte selbstverständlich sein. Bei der Schädlingsbekämpfung sollte man immer die Natur im Blick behalten. Sie wird es einem danken!

VIRUS TOBRFV, JORDAN-VIRUS

ToBRFV (das steht für Tomato Brown Rugose Fruit Virus) ist ein Virus, das zu den Tobamoviren gehört und Tomaten, Paprika und deren Verwandte sowie bestimmte Unkräuter befällt. Das Virus wird sehr leicht mechanisch von infizierten Pflanzen auf andere Pflanzen übertragen. Eine Übertragung und Verbreitung ist zum Beispiel über Messer und Scheren, über die Kleidung, aber auch über die Hände beim Kontakt mit erkrankten Pflanzen möglich. Die Einschleppung der Viruskrankheit kann aber auch über das Saatgut und zugekaufte Jungpflanzen erfolgen. Erstmals entdeckt wurde das Virus im Jahr 2014 bei Tomaten in Israel. Seitdem wurde es auch in China, Mexiko, Deutschland, Italien, Griechenland, Großbritannien, Jordanien, der Türkei und den Niederlanden nachgewiesen.

Die Symptome von ToBRFV ähneln denen, von anderen Tobamo-Viren wie dem Tabak- oder dem Tomatenmosaikvirus. Bei Paprika sind Blasen und Mosaikmuster auf den Blättern zu sehen, Tomaten zeigen ebenfalls ein Mosaikmuster und wachsen nicht richtig. Aber wenn sie von ToBRFV betroffen sind, ist das nicht nur ein Schönheitsproblem. Die Ernte kann schlecht ausfallen und das Virus wird deine Pflanzen stark schädigen. Befallene Früchte können sowohl bei Paprika als auch bei Tomaten gelbe oder abgestorbene Flecken aufweisen. Und sie können eine schlechte Qualität haben. Es hat sich auch gezeigt, dass Tomaten, die gegen andere Tobamo-Viren resistent sind, weiterhin durch ToBRFV befallen werden können. Und da das Virus hochgradig ansteckend ist, dürfte es schwierig sein, es einzudämmen, wenn es erst einmal in deine Kulturen gelangt ist.

Möglicherweise sind in Europa viele Tomatenerzeuger bereits betroffen, da ToBRFV in mehreren Ländern weit verbreitet ist. So wird das Virus wahrscheinlich in unsere Gemüsetheken eingeschleppt, da wir Tomaten aus verschiedenen Teilen Europas importieren. Das wiederum bedeutet, dass wir, wenn wir Paprika und Tomaten im Supermarkt kaufen, ToBRFV möglicherweise unbemerkt mit nach Hause bringen. Da das Virus durch direkten und indirekten Kontakt übertragen wird, muss man beim Kauf von Tomaten auf die Infektionsgefahren achten. Um das Risiko zu minimieren, sollten wir uns nach dem Umgang mit gekauften Tomaten die Hände waschen und die Kleidung wechseln, bevor wir mit unseren eigenen Tomatenkulturen in Kontakt kommen.

Ein weiteres Problem ist der Kauf von Tomatensamen aus unsicheren Quellen, da man nicht weiß, ob das Saatgut des Händlers virusfrei ist. Das Problem wird sich in Zukunft noch verstärken und wir müssen mehr denn je darauf achten, wo wir Saatgut kaufen. Kommerzielle Händler müssen sich bei der zuständigen Behörde (Pflanzenschutzdienst) registrieren lassen (Pflanzenpass), damit das Saatgut vor dem Verkauf auf Befallsfreiheit mit gefährlichen Quarantäneschaderregern wie dem Jordan-Virus untersucht wird. Für Hobbyzüchter, die Samen untereinander tauschen, ist es schwierig sicherzustellen, dass die Samen gesund sind.

Das Vorsichtsprinzip

Ich möchte keine Panik verbreiten, aber bei Tomaten und Paprika sollten wir dem Vorsichtsprinzip folgen, d. h., wir

denken über das Gemüse, das wir kaufen, nicht nur einmal nach,

– geben keine keine Gemüsereste wie Paprika und Tomaten in den Kompost, um eine Kontamination zu vermeiden,

– verwenden keine Samen von gekauftem Gemüse, auch wenn es verlockend ist, und

– wir schränken uns auch beim Saatguttausch und Saatgutkauf ein, bis wir mehr wissen.

Das verborgen Sichtbare

Hinter dem, was wir sehen, verbirgt sich etwas anderes. Der belgische Surrealist René Magritte sprach im Zusammenhang mit seinem Gemälde *Der Sohn des Mannes* von einem Interesse, einer Art Wettbewerb „zwischen dem offen Sichtbaren und dem verborgen Sichtbaren".

Der Charakter der Tomate und ihre Fähigkeit, Aromen und Erfahrungen zu verändern, sind erstaunlich. Fast immer bekommst du bei einer Tomate mehr, als beim ersten Anblick zu erwarten war. Etwas Außergewöhnliches für deine Geschmacksnerven. Wenn man sich auf unerwartete Geschmackskombinationen einlässt, wenn man sich traut, den Liebesapfel und das Leben, das auf uns wartet, zu kosten, gibt es in der Welt der Tomaten viel zu entdecken. Wie viele verschiedene Tomatensaucen musst du wohl auf deiner Pizza probieren, bis du die richtige gefunden hast?

Die Ernte verarbeiten

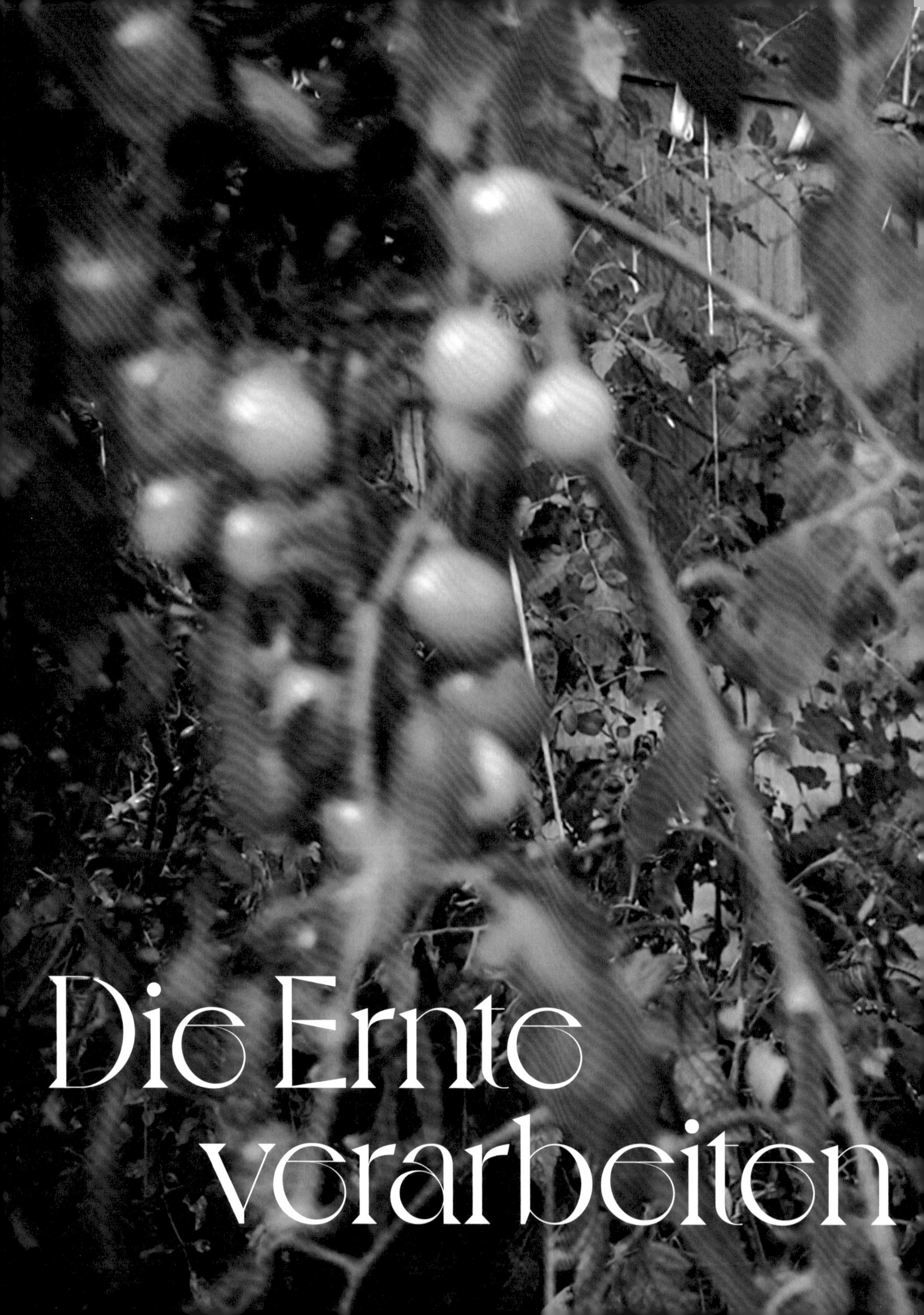

Konservieren und zubereiten – meine Lieblingsrezepte

Dies ist kein Kochbuch, trotzdem möchte ich einige meiner Lieblingsrezepte mit Tomaten vorstellen. Zum einen, um neue Geschmackserlebnisse zu schaffen, zum anderen, um zu zeigen, wie vielfältig sich Tomaten verarbeiten lassen.

In diesem Kapitel findest du Vorschläge, wie du Tomaten konservieren kannst, um die herrlichen roten, gelben und grünen Früchte das ganze Jahr über in verschiedenen Formen genießen zu können. Du bekommst Hinweise, wie sich die Ernte verarbeiten lässt, um im Winter Ketchup oder Tomatensauce aus dem Glas zu genießen, wie man Tomaten einfriert oder trocknet. Gut für die Gesundheit und die Seele.

Tomaten sind nicht nur eine großartige Grundlage für viele Gerichte, sondern auch eine hervorragende Zutat für sogenanntes *Comfort Food*. Oft zeichnen sich solche Gerichte durch einen hohen Kalorien- oder Kohlenhydratgehalt aus, aber ich denke, dass eine Aromenvielfalt mit massenhaft Umami die Aufgabe genauso gut erfüllen kann. Und wenn die Zubereitung relativ einfach ist, umso besser.

Das Buch enthält einige Rezepte für *Comfort Food*, die du hoffentlich unwiderstehlich findest. Für Momente, in denen man von der Arbeit heimkommt, ein bestimmtes Gericht kocht und sich dann in ein wunderbares Geschmackserlebnis fallen lassen kann.

Es gibt auch einige leckere und frische Snacks mit Tomaten. Ich mag kleine Gerichte, die man variieren und auf viele verschiedene Arten zubereiten kann. Ein bisschen wie ein Süßigkeitenregal am Kiosk, nur mit Tomaten. Alle Rezepte lassen sich je nach Geschmack variieren. Manchmal darf es ein bisschen mehr sein, und manchmal soll es möglichst einfach, aber trotzdem befriedigend sein.

Tomatenbasis im Glas

Dies ist mein absolutes Lieblingsrezept! Die Tomatenbasis verwende ich im Winter für die schnelle Küche und als Grundlage für viele Gerichte mit Tomaten. Kühl gelagert, hält sie sich über ein Jahr. Meist fülle ich sie in unterschiedlich große Gläser ab – für verschiedene Einsatzzwecke. Weil ich sie auch für schnelle Gerichte nehme, wenn ich abends spät nach Hause komme, habe ich spezielle Glasgrößen dafür.

Normalerweise mische ich Tomaten, aber für die Tomatenbasis versuche ich, gelbe und rote Tomaten getrennt zu halten. Einige Gläser sind also gelb oder orange, andere eher rot, je nach der Farbe der Tomaten. Wenn du die Farben mischst, wird die Tomatenbasis eher bräunlich.

Es ist wichtig, saubere Gläser zu benutzen, die entweder im Ofen oder im Wasserbad sterilisiert wurden. Um meine Gläser auszukochen, verwende ich einen Kochtopf mit einem Einsatz, einem Gitter am Boden, damit die Gläser nicht zerbrechen. Das geht mit einem Geschirrtuch, das du in den Topf legst, genauso gut.

Für haltbare Konserven lasse ich die gefüllten Gläser etwa eine Stunde köcheln, damit sich ein Vakuum bildet. Und damit hält sich die Tomatenbasis über ein Jahr. Ich verwende keine Konservierungsstoffe, aber etwas Zitronensaft, um die Farben zu erhalten und die Haltbarkeit zu verlängern.

Wenn du Weckgläser mit Klammern verwendest, kannst du diese entfernen, sobald die Gläser abgekühlt sind. Teste das Vakuum, indem du sie am Deckel anhebst. Aber nicht am Gummi ziehen, sonst dringt Luft ein.

Zutaten:

Tomaten
Salz und schwarzer Pfeffer
Oliven- oder Rapsöl
Kräuter (z. B. Basilikum, Oregano oder Thymian)
Knoblauch
Zitronensaft

So geht's:

1. Den Ofen auf 225 °C vorheizen.
2. Die Tomaten waschen und klein schneiden.
3. Dann auf einem Blech oder in einer Auflaufform verteilen.
4. Mit Salz und Pfeffer bestreuen und mit ein wenig Öl beträufeln.
5. Die Kräuter hacken und mit den Tomaten mischen.
6. Den Knoblauch in Stücke schneiden und in die Form legen.
7. Jetzt das Blech oder die Form für 30 bis 40 Minuten in den Ofen schieben, damit die Tomaten etwas Farbe bekommen.
8. In der Zwischenzeit in jedes Glas 1 EL Zitronensaft geben (in größere Gläser mit mindestens 400 ml Fassungsvermögen je 2 EL Zitronensaft).
9. Die Tomaten aus dem Ofen nehmen und in die Gläser füllen, aber 1½ bis 2 cm Abstand zum Rand lassen. Achtung, heiß!
10. Die Gläser verschließen. In einem großen Topf Wasser aufkochen, dann die Gläser vorsichtig hineinlegen. Etwa eine Stunde köcheln lassen.
11. Achte darauf, dass die Gläser die ganze Zeit mit Wasser bedeckt sind.
12. Die Gläser herausnehmen und auf der Arbeitsfläche abkühlen lassen. Danach sollte sich ein Vakuum gebildet haben.

Tomaten einfrieren

Tomaten in Hülle und Fülle sind meine größte Freude. Man kann sie verschieden einlegen und nicht zuletzt für die guten Eintöpfe und Pastasaucen des Winters einfrieren. Oder wofür auch immer du deine Tomaten aufheben willst. Selbstgemachtes Ketchup oder Tomatenmark wäre eine Option, oder auch stückige Tomaten für Saucen und Eintöpfe.

Im Laufe der Jahre habe ich meine Lieblingsmethoden für das Verarbeiten von Tomaten gefunden. Für mich ist etwas perfekt, wenn es so wenig Unordnung und Aufwand wie möglich macht. Deshalb koche ich Tomaten nicht nur ein und konserviere sie, sondern friere sie auch ein, und zwar auf verschiedene Arten:

1. Ganze Tomaten im Beutel

Ich friere ganze Tomaten ein, meist kleine Kirschtomaten, manchmal auch größere Exemplare. Man kann sie so, wie sie sind, in den Tiefkühler legen und dann nach Bedarf herausnehmen. Ich friere gerne kleine Tomaten in „Portionspackungen" mit genau der richtigen Menge ein. Was für dich die richtige Menge ist, musst du ausprobieren.

Wenn ich sie in den Gefrierschrank lege, versuche ich, die Beutel möglichst flach zu halten, ohne die Tomaten zu beschädigen. Deshalb fülle ich nicht den ganzen Beutel, sondern nur etwa zwei Drittel mit Tomaten. Wenn sie gefroren sind, kann ich sie stapeln, damit sie weniger Platz einnehmen.

2. Klein geschnittene Tomaten

Große Tomaten schneide ich meist in Spalten oder Stücke und friere sie roh ein. Dann fülle ich sie in Beutel oder alte Eispackungen, je nachdem, wie viel Platz ich in der Tiefkühltruhe habe.

Gehackte oder gewürfelte Tomaten lassen sich leicht in beliebiger Menge herausnehmen und eignen sich hervorragend für verschiedene Eintöpfe und Saucen. Ich koche gerne eine würzige Tomatensuppe mit dem gewissem Extra, die nur aus gefrorenen Tomaten besteht.

3. Tomatenbasis aus dem Ofen

Einer meiner Favoriten sind Tomaten aus dem Ofen, die ich „Tomatenbasis" nenne. Die Tomatenbasis besteht aus in Spalten geschnittenen Tomaten, die bei 200 °C etwa eine Stunde im Ofen gebacken werden. Ich mische sie mit etwas Oliven- oder Rapsöl, Salz und Pfeffer sowie Oregano oder Basilikum. Wenn ich ein Blech fertig habe, muss ich einfach ein Stück Brot damit belegen. Es schmeckt köstlich, versprochen!

Wenn die Tomatenbasis abgekühlt ist, friere ich sie in Beuteln oder gespülten Saft- oder Milchpackungen ein. Auch der eine oder andere Joghurtbecher mit Tomatenbasis landet im Gefrierschrank. Ich fülle 1-Liter-Milchkartons halb voll und falte den Karton dann so, dass das Ganze einigermaßen dicht ist. Dann noch ein Stück Klebeband darauf, auf dem vermerkt ist, ob sie mit Basilikum oder Oregano aromatisiert wurden.

Wenn ich Gefrierbeutel für die Tomatenbasis verwende, achte ich darauf, die Menge gleichmäßig auf die Tuten zu verteilen und sie beim Einfrieren so flach wie möglich zu halten. Sind sie gefroren, staple ich sie und spare so eine Menge Platz. Außerdem tauen flache Beutel viel schneller auf als Beutel mit einem großen Klumpen darin. Die Tomatenbasis ist ein unbezahlbarer Luxus im Gefrierschrank, wenn ich ein schnelles Essen brauche.

Getrocknete Tomaten

Gekaufte getrocknete Tomaten sind oft in Öl eingelegt – es gibt aber auch vakuumverpackte Produkte. Wenn du deine Tomaten selbst trocknest, minimierst du die Aufnahme von Omega-6-Fettsäuren aus dem Sonnenblumen- oder Rapsöl. Auch ohne Öl lassen sie sich lange lagern.

Du kannst Tomaten in einem normalen Backofen oder in einem Dörrgerät, falls vorhanden, vortrocknen. Normalerweise nehme ich kleinere Exemplare, also kleine Pflaumen- oder Kirschtomaten, die ich halbiere.

Die Tomatenhälften kommen bei 150 °C für vier bis sechs Stunden in den Ofen, bei größeren Tomaten dauert es etwas länger. Sie sollten trocken und leicht zäh sein, wenn sie fertig sind. Wenn du ein Dörrgerät hast, trocknest du sie bei 55 °C etwa zwei Tage lang. Besonders gut schmecken sie, wenn man sie leicht mit Salzflocken oder Kräutersalz bestreut.

Sobald sie fertig sind, solltest du sie gut verpacken. Du kannst sie in einem Glas, einer Schachtel oder einem Zip-Beutel aufbewahren, mit so wenig Luft wie möglich. An einem kühlen Ort oder im Kühlschrank halten sie sich mehrere Monate, und wenn du sie länger aufbewahren möchtest, kannst du sie einfrieren.

Die getrockneten Tomaten schmecken gut so, wie sie sind, aber wenn du sie vor der Verwendung etwa ein bis zwei Stunden in Wasser einlegst, werden sie besonders lecker. Man kann sie zum Kochen verwenden, mit Nudeln mischen oder aufs Brot legen. Oder warum nicht mal ein Tomatenpesto daraus zubereiten?!

Åkes Tomatensauce nach russischer Art

Der „Tomatenkönig“ Åke Truedsson ist studierter Chemieingenieur und betreibt Landwirtschaft, seit er sieben Jahre alt ist. Er beschäftigt sich mit Gemüseanbau, gibt Kurse und hält Vorträge, schreibt Bücher und besitzt einen kleinen Hofladen. Außerdem betreibt er den sogenannten Tomaten-Club. Dort findet man Samen von über 500 Tomatensorten!

Åke hat viele Rezepte für Tomatensaucen, aber mein Favorit ist diese köstliche, russische Variante. Eine einfache, vielseitige Sauce, die sich auch als Tomatensaft und in Suppen und Eintöpfen verwenden lässt. Du kannst es wie Åke halten und die Tomaten passieren, um Schalen und Kerne zu entfernen. Oder du versuchst es mit meiner schnellen Variante und verarbeitest alles im Mixer.

Zutaten:
Tomaten
Salz
Zucker
Chilipulver
Kreuzkümmel
Knoblauch

So geht's:

1. Alle Tomaten klein schneiden und in einem großen Topf köcheln lassen (sie sollen nicht kochen).
2. Dann passieren, um Schalen und Kerne zu entfernen. Die recht dünne Flüssigkeit wieder in den Topf gießen und bei etwa 70 °C sehr vorsichtig einkochen lassen. Dabei hin und wieder umrühren.
3. Wenn die Sauce die gewünschte Konsistenz hat, 1 gestrichenen EL Salz und 4 EL Zucker pro Liter dazugeben. Mit Chilipulver, Kreuzkümmel und zerdrücktem Knoblauch würzen.
4. In saubere Gläser umfüllen, die vorher für etwa 30 Minuten bei 100 °C im Backofen waren. Sofort mit dem Deckel verschließen.

Im Kühlschrank oder in einer kühlen Speisekammer ist die Tomatensauce mindestens ein Jahr haltbar.

Tomatenchutney

Zutaten:

1 kg Tomaten
1 rote Zwiebel
4 Knoblauchzehen
3 EL geriebener Ingwer
Chili nach Geschmack
½ TL Salz
2 TL Curry
1 TL gemahlener Kardamom
1 TL Kreuzkümmel
400 g Zucker
80 g Rosinen
evtl. 50 ml Weißweinessig

So geht's:

1. Die Tomaten und die Zwiebel klein schneiden, den Knoblauch hacken.
2. Alle Zutaten (bis auf den Weißweinessig) mischen und 30 bis 40 Minuten ohne Deckel kochen.
3. Wenn du das Chutney länger aufheben möchtest, füge Weißweinessig hinzu und fülle es heiß in sterilisierte Gläser.

Eingelegte Tomaten

In Essig eingelegte Tomaten sind sehr lecker, und du kannst sie sogar erst spontan an dem Tag zubereiten, an dem du sie brauchst. Natürlich kann man sie auch ziehen lassen, aber manchmal muss es eben schnell gehen.

Zutaten:
500 g kleine süße Tomaten

Für den Essigsud:
100 ml Weißweinessig
180 g Zucker
1 Knoblauchzehe
200 ml Wasser
getrockneter Thymian
zerstoßener weißer Pfeffer
Salz

So geht's:

1. In einem großen Topf Wasser mit einer Prise Salz zum Kochen bringen.
2. Währenddessen die Tomaten kreuzweise einschneiden.
3. Im kochenden Wasser ein bis zwei Minuten überbrühen, bis die Schale sich löst.
4. In kaltem Wasser abschrecken und die Schale abziehen.
5. Jetzt die Zutaten für den Sud aufkochen.
6. Die Tomaten in gut gereinigte Gläser füllen und mit dem Sud übergießen.
7. Die Gläser verschließen und vor dem Servieren mindestens zwei Stunden stehen lassen.

Im Kühlschrank halten sie sich etwa sechs Monate.

Stückige Tomaten

Es ist ganz einfach, stückige Tomaten selbst herzustellen. Du kannst sie entweder in Gläsern aufbewahren oder in Beuteln einfrieren.

So geht's:

1. Die Tomaten vierteln, von Stielansätzen befreien und bei 180 °C etwa 45 bis 60 Minuten in den Ofen schieben. Danach herausnehmen und leicht abkühlen lassen.
2. Dann die Tomaten in ein Sieb geben. Wenn du die Schale entfernen möchtest (siehe Tipp), ist jetzt der richtige Zeitpunkt. Drücke die Früchte im Sieb kurz an, bevor du sie in Beutel oder saubere Gläser füllst. Portioniere die Mengen nach deinem Bedarf.

Die Flüssigkeit, die dabei zurückbleibt, kannst du für die Herstellung eines Tomatensirups verwenden. Dafür lässt du sie einfach auf die entsprechende Konsistenz einkochen. Der Sirup kann für Marinaden, Glasuren und Dressings verwendet werden. Sehr lecker!

Zum Konservieren in Gläsern:

1. Gläser und Deckel 30 Minuten lang bei 100 °C sterilisieren.
2. Die Tomaten auf 90 °C erhitzen. Die Flüssigkeit kannst du aufheben.
3. In die Gläser füllen und sofort verschließen.

Tipp:
Wenn du die Tomaten schälst, kannst du die Schalen trocknen. Getrocknete Tomatenschalen sind sehr aromatisch und lassen sich als Tomatenflocken oder zur Herstellung von Tomatenpulver einsetzen.

Eingelegte grüne Tomaten

Man muss kein Meisterkoch sein, um leckere eingelegte grüne Tomaten zuzubereiten. Dieses Rezept ist eine gute Möglichkeit, die grünen, unreifen Tomaten zu verarbeiten und die Saison zu verlängern. Grüne Tomaten lassen sich vielfältig einsetzen, zum Beispiel für grüne Salsa und Marmelade. Du kannst sie auch einfach liegen lassen, damit sie in ihrem eigenen Tempo reifen. Aber eingelegte grüne Tomaten sind eine spannende Beilage zu Gerichten, deren Aromen man gerne betonen möchte, beispielsweise zu einem herrlich deftigen Eintopf, einem Braten oder vielleicht einem italienischen Kartoffelkuchen?

Kleine grüne Tomaten eignen sich hervorragend zum Einlegen. Du kannst auch größere Früchte verwenden und klein schneiden, aber weil sie dabei zerdrückt werden, sieht das Ganze eher nach Konfitüre aus, obwohl der Geschmack derselbe ist. An einem kühlen, dunklen Ort können sie über ein Jahr aufbewahrt werden, aber wahrscheinlich wirst du nicht so lange brauchen, um sie aufzuessen. Sie sind so lecker! Denk daran, die Gläser vor dem Befüllen zu sterilisieren. Dazu kannst du sie kochen oder zehn Minuten lang bei 120 bis 150 °C in den Backofen stellen.

Zutaten:

100 ml Essigessenz (25 % Säure)
400 ml Wasser
240 g Zucker
1 großes Stück frischer Ingwer
6 Gewürznelken
1–2 Sternanis
10 weiße Pfefferkörner
1 kg grüne Tomaten

So geht's:

1. In einem großen Topf die Zutaten für den Essigsud aufkochen, dabei umrühren, bis der Zucker sich auflöst.
2. Währenddessen die Tomaten mit einem Zahnstocher jeweils zwei- bis dreimal einstechen.
3. Dann die Tomaten in den Sud legen und zehn Minuten köcheln lassen.
4. Mit einem Schaumlöffel herausnehmen und auf die Gläser verteilen.
5. Den Sud noch sechs bis acht Minuten kochen, anschließend in die Gläser füllen, bis die Tomaten bedeckt sind.
6. Die Gläser mit Deckeln verschließen und abkühlen lassen.

An einem dunklen, kühlen Ort aufbewahrt, zum Beispiel in einer Speisekammer, im Keller oder im Kühlschrank, sind eingelegte Tomaten ein Jahr lang haltbar.

Fermentierte Tomatensalsa, vakuumverpackt

Diese Tomatensalsa hat es wirklich in sich! Du kannst sie als Snack genießen, als Beilage zu deinen Lieblingsgerichten oder einfach direkt aus dem Glas. Aber Vorsicht: Sie macht süchtig.

Entweder mag man Koriander oder man mag ihn nicht. Wer Koriander nicht mag, liegt falsch und sollte umdenken.

Natürlich scherze ich, aber versuche es doch einmal, zum Beispiel in einer würzigen Tomatensalsa, mit diesem gewissen Extra. Oder lass den Koriander weg.

Ich verwende Vakuumbeutel, weil mir eine gute Fermentierung von klein geschnittenem Gemüse und Tomaten sonst nicht so leicht gelingt. Es ist nicht einfach, das Ganze „im Zaum zu halten" und eine wirklich gute Säuerung zu erreichen.

Vielleicht hast du ein Vakuumiergerät mit Beuteln in einer Schublade liegen oder kannst dir eines ausleihen? Auf jeden Fall kommt hier ein Rezept für fermentierte, aromatische (!) Tomatensalsa mit Koriander im Vakuumbeutel.

Zutaten:

ca. 500 g frische Tomaten
500 g Zucchini
1 große rote Zwiebel oder 2 kleine
2–3 große Knoblauchzehen
2 Töpfe Koriander – vielleicht aus deinem Garten?
2–3 TL gehackter Chili – je nach Geschmack
2–3 EL Zitronensaft
1 Prise zerstoßener schwarzer Pfeffer
Salz, 2 % des Gewichts der Salsa (siehe Seite 161)
Küchenwaage
Vakuumiergerät und Beutel

So geht's:

1. Tomaten, Zucchini, Zwiebeln, Knoblauch, Koriander und frischen Chili in Stücke schneiden. Über die Größe entscheidest du selbst. Wenn sie zu klein sind, werden die Tomaten schnell matschig.
2. Zitronensaft dazupressen, dann alles umrühren und abschmecken. Wenn du mehr Säure magst, nur zu, aber denk daran, dass die Fermentation der Salsa auch Säure verleiht. Dann pfeffern.
3. Die Gesamtmenge wiegen (nicht vergessen, das Gewicht der Schüssel abzuziehen). Das Gewicht mit 0,02 multiplizieren und diese Menge Salz hinzufügen. Umrühren.
4. Die Salsa in Beutel füllen und verschließen. Fülle die Beutel maximal bis zur Hälfte; bei mir sind sie meist nur zu etwa ⅓ gefüllt.
5. Die Beutel an einen schön warmen, am besten dunklen Ort aufbewahren; ansonsten solltest du sie zudecken. Dort bleiben sie vier bis fünf Tage unter Aufsicht liegen. Die Fermentation verläuft besser, wenn du nicht in den Prozess eingreifst. Hab ein bisschen Geduld!
6. Jetzt warte ab und plane all die schönen Mittag- und Abendessen, zu denen du die Tomatensalsa genießen wirst. Sie passt zu fast allem, besonders gut aber zu herrlichen Tacos. Vielleicht probierst du einmal Bruschetta mit Salsa? Oder Salsa als Beilage zu einem Omelett oder sogar als Salatzutat, zu Gegrilltem oder zum Hamburger …? Du verstehst, worauf ich hinaus will.
7. Nach ein paar Tagen haben sich die Beutel gewölbt, und es ist an der Zeit, sie zu öffnen. Je länger du wartest, desto saurer wird die Salsa, was natürlich Geschmackssache ist. Aber vier

bis fünf Tage sind ein guter Richtwert. Wenn du magst, häng noch ein oder zwei Tage dran.

8. Die Salsa in gut gesäuberte Gläser füllen und im Kühlschrank aufbewahren. Ach so, probieren musst du sie ja auch, am besten sofort! Nimm eine Gabel, koste und genieße sie! Die Säure, der Koriander und die Schärfe wirken auf wunderbare Weise zusammen.

Denk daran, die Gläser mit Inhalt und Zubereitungsdatum zu beschriften. Ein Stück Tiefkühl-Klebeband oder Malerkrepp eignet sich sehr gut als Gedächtnisstütze. Deine fermentierte Tomatensalsa ist zwei bis drei Wochen haltbar.

Apropos Salz

Ich verwende kein ausgefallenes Salz, sondern einfaches Salz ohne Jod. Vielen Leuten ist es egal, ob ihr Salz Jod enthält oder nicht. Zum Fermentieren nehme ich Salz ohne Jod, weil Jod antibakteriell wirkt und das den Bakterienkulturen bei der Fermentation nicht guttut. Übrigens verwende ich feinkörniges Salz. Nachdem ich alle Schritte des Rezepts durchgeführt habe, wiege ich meine Salsa ab und füge 2 % Salz hinzu. Wenn die fertige Salsa 1.150 g wiegt, multipliziere ich dies mit 0,02 und füge 23 g Salz hinzu. Du brauchst also eine Küchenwaage.

Gelbes Tomatenketchup mit dem gewissen Extra

Kochen macht vor allem dann Spaß, wenn es gut gelingt – so wie bei meinem gelben Tomatenketchup! Mit irgendeinem gekauften Produkt ist es nicht zu vergleichen, denn durch Ingwer und Chili wird es besonders lecker. Das Beste daran ist die einfache Zubereitung. Du musst kein Profi sein, solltest aber auf gute Zutaten achten.

Wichtig sind gelbe Tomaten mit viel Aroma. Sicher geht es auch mit (langweiligen, wässrigen) Tomaten aus dem Supermarkt, aber die höchste Punktzahl gewinnst du damit nicht. Du hast doch hoffentlich Tomaten aus dem Eigenanbau? Oder vielleicht möchte dein Nachbar ein paar mit dir teilen? Rote Tomaten sind natürlich auch eine Option. Aber dann wird es (offensichtlich) rotes Ketchup mit dem gewissen Extra!

Im Kühlschrank hält sich das Ketchup etwa sechs Monate. Wenn du es länger aufbewahren möchtest, kannst du es problemlos einfrieren. Aber wahrscheinlich wird es so gut schmecken, dass es gleich weg ist.

Zutaten:

1 große gelbe Zwiebel
800 g gelbe Tomaten
1 Stück Ingwer, groß (wie zwei Daumen), wenn du Ingwer magst, klein (wie ein kleiner Finger), wenn du dir da nicht so sicher bist
Chili nach Geschmack, z. B. die Sorte 'Lemon Drop'
1–2 Knoblauchzehen
3 EL Zucker
1 Prise Salz
50–100 ml Weißweinessig, je nach Geschmack
1 EL Rapsöl

So geht's:

1. Die Zwiebel klein schneiden und in einem Topf in Rapsöl glasig anbraten.
2. Währenddessen die Tomaten in Spalten schneiden, den Ingwer schälen und klein schneiden und die Chilischote hacken.
3. Alles zusammen zur Zwiebel in den Topf geben, damit die Zutaten in der Flüssigkeit, die die Tomaten abgeben, köcheln können.
4. Knoblauch schälen, fein hacken, hinzufügen und alles umrühren.
5. Das Ganze 20 bis 30 Minuten köcheln lassen.
6. Dann zu einer glatten Sauce pürieren, für Farbe und Aroma inklusive Tomatenschalen. Das Ketchup wird beim Pürieren heller, bekommt aber schnell wieder seine intensive gelbe Farbe.
7. Jetzt das Ketchup langsam aufkochen, dann Zucker, Salz und Weißweinessig unter Rühren hinzufügen. Essig je nach Geschmack zugeben, am besten immer wieder abschmecken.
8. Das Ketchup etwa fünf Minuten auf die gewünschte Konsistenz einkochen, bei Bedarf auch etwas länger.
9. Anschließend in gründlich gereinigte Flaschen oder Gläser umfüllen und kalt stellen.

Versammle deine Lieben um den Tisch und veranstalte ein Erntefest mit leckerstem Tomaten-Carpaccio, Brot und Tomatensuppe oder einem göttlichen Kichererbsen-Rührei mit im Ofen gebratenen Tomaten.

Bloody Mary

Bloody Mary ist ein echter Klassiker, den hoffentlich immer mehr Menschen wiederentdecken. Ohne Alkohol nennt man den Drink übrigens Virgin Mary.

Zutaten:

2 Spritzer Tabasco
4 Spritzer Worcestershire-Sauce
60 ml Wodka
10 ml frisch gepresster Zitronensaft
Tomatensaft
1 Stängel Staudensellerie
1 Zitronenscheibe
Salz und schwarzer Pfeffer
Eiswürfel

So geht's:

1. Ein Glas zu etwa einem Drittel mit Eiswürfeln füllen.
2. Eine Prise Salz, schwarzen Pfeffer, Tabasco und Worcestershire-Sauce hinzufügen.
3. Wodka und Zitronensaft dazugeben.
4. Mit Tomatensaft aufgießen und umrühren.
5. Mit einer Selleriestange und einer Zitronenscheibe garnieren. Normalerweise halte ich es einfach, aber du kannst gerne üppiger garnieren.
   Kalt servieren.

Tomatensalsa

Diese Salsa eignet sich hervorragend als Beilage zu Tacos oder Chips. Sie ist sehr lecker und lässt sich in der Schärfe anpassen – je nachdem, ob du es lieber mild magst oder so scharf, dass die Salsa Tango auf dem Gaumen tanzt!

Zutaten:

4 große Tomaten
1 rote Paprika
1 kleine gelbe Zwiebel
1 Bund Koriander
2 EL Olivenöl
Chili
1 Prise Salz und schwarzer Pfeffer
1 Prise Zucker
1 Prise Kreuzkümmel

So geht's:

1. Die Tomaten klein schneiden. Dabei die Kerngehäuse nicht entfernen, wir wollen die ganze Tomate verarbeiten. Und am besten mischst du verschiedene Farben.
2. Die Paprikaschote putzen, die Zwiebel schälen, beides fein hacken und mit den Tomaten mischen.
3. Jetzt auch den Koriander hacken und mit den Tomaten und dem Olivenöl vermengen.
4. Chili nach Geschmack hinzufügen – du kannst sowohl frischen als auch getrockneten Chili verwenden.
5. Mit Salz, Pfeffer, Zucker und Kreuzkümmel abschmecken.

Tomatencarpaccio

Ein Tomatencarpaccio lässt sich je nach den zur Verfügung stehenden Tomaten variieren. Ich nehme gerne Tomaten, die auffallen. Reife Tomaten mit viel Geschmack und etwas Farbe ergeben das perfekte Tomatencarpaccio. Dünn geschnittene Tomaten, die nach Zitrusfrüchten oder Kiwi schmecken, oder wie hier die 'Lucid Gem' – eine Tomate mit Pfirsichnoten.

Zutaten:

aromatische Tomaten
Olivenöl
Kürbiskerne
Salzflocken und schwarzer Pfeffer
evtl. Basilikum

So geht's:

1. Achte darauf, dass die Tomaten Raumtemperatur haben, damit sie ihr Aroma entfalten können.
2. Die Tomaten in sehr dünne Scheiben schneiden und auf einen großen Teller legen oder auf mehrere kleine verteilen.
3. Mit Olivenöl beträufeln.
4. Mit Kürbiskernen bestreuen.
5. Salzen und pfeffern (vorsichtig, damit der Pfeffer nicht zu dominant wird).
6. Nach Geschmack mit Basilikumblättern garnieren.

Bruschetta

Bruschetta ist in den Mittelmeerländern verbreitet, und es gibt viele verschiedene Varianten. Allein in Spanien findet man viele unterschiedliche Zubereitungs- und Präsentationsarten des Gerichts. Das Tolle ist, dass man es nach Lust und Laune variieren kann! Ein Snack, der nicht unnötig viel Aufhebens macht.

Welche Tomatensorte solltest du nehmen? Wenn du Tomaten kaufst, würde ich reife Tomaten mit viel Fruchtfleisch empfehlen. Ansonsten nimmst du das, was da ist. Du kannst auch langweilige Tomaten verwenden (d. h. normale Tomaten aus dem Supermarkt – sie haben vielleicht nicht viel Aroma, aber man kann sie gut für Bruschetta verwenden).

Wenn du selbst angebaute Tomaten hast, kannst du für deine Bruschetta verschiedene Sorten nehmen. Manchmal darf es eine säuerlichere Sorte sein, manchmal soll sie viel Süße haben oder vielleicht ein kräftiges Aroma. Wenn du Wintertomaten anbaust – was du meiner Meinung nach tun solltest – sind das mitten im Winter natürlich die allerbesten Bruschetta-Tomaten!

Und das Brot? Da eignet sich eigentlich jedes. Ich nehme meist ein kräftiges Sauerteigbrot. Man darf ruhig etwas zum Kauen haben.

Bruschetta mag Gesellschaft, hat aber auch mit Einsamkeit kein Problem. Ein Snack, der Lust auf mehr macht und an dem man sich gleichzeitig gut satt essen kann. Wenn du dann noch köstlichen Mozzarella oder einen würzigen Fetakäse dazugibst, wird das Geschmackserlebnis noch größer. Oder vielleicht luftgetrockneten Schinken? Es gibt viele Variationen, aber selbst ganz pur schmeckt das Gericht einfach wunderbar.

Zutaten:

gutes Brot
Knoblauch
Tomaten
Olivenöl
Salz und schwarzer Pfeffer
evtl. Basilikum
etwas Gutes zu trinken

So geht's:

1. Das Brot in recht dicke Scheiben schneiden.
2. Die Scheiben grillen, rösten oder in Olivenöl anbraten, das ist Geschmackssache.
3. Dann mit Knoblauch einreiben.
4. Die Tomaten in mundgerechte Stücke schneiden. Wenn du Gäste hast, sollten die Stücke nicht zu groß sein, damit man die Bruschetta unfallfrei essen kann.
5. Tomatenstücke in eine Schüssel oder direkt in ein Sieb geben und leicht salzen. Nicht zu viel, aber so, dass die Tomaten durch das Salz ein wenig Flüssigkeit verlieren. Zehn Minuten ziehen lassen.
6. Wenn die Tomaten in einer Schüssel gelegen haben, müssen sie jetzt in einem Sieb abtropfen. Dann kommen sie wieder in die Schüssel.
7. Mit etwas Olivenöl und einer Prise Pfeffer vermischen. Abschmecken und bei Bedarf nachsalzen.
8. Nach Geschmack gehacktes Basilikum hinzufügen. Mit oder ohne Basilikum sind es zwei beinahe völlig verschiedene Gerichte.
9. Bevor es ans Servieren geht, solltest du unbedingt die Gläser füllen. Jetzt die Tomaten auf den Brotscheiben verteilen, abschmecken und genießen! Und zwar sofort, solange das Brot knusprig ist.

Tomatenquiche

Es gibt viele gute Rezepte für eine Quiche mit Tomaten, und wahrscheinlich hat jeder ein anderes Lieblingsrezept, zum Beispiel mit einem würzigen Käse, mit einer besonderen Tomatensorte oder mit einem speziellen Belag. Ich liebe Tomatenquiche und kann mich nur schwer für ein Rezept entscheiden, aber wenn ich müsste, wäre es dieses. Ein gutes, einfaches Rezept, das schnell zubereitet ist, sich vorbereiten lässt, wenn nötig sogar am Vortag.

Für den Boden kannst du deinen Lieblingsteig nehmen, auch eine glutenfreie Variante. Und wenn du es eilig hast, kaufst du einfach einen fertigen Teig aus dem Kühlregal. Es ist nicht wichtig, dass du alles selbst gemacht hast. Das Wichtigste ist, dass du diese Quiche ausprobierst, denn sie ist unheimlich lecker!

Sie können zu den Tomaten auch Kräuter hinzufügen, das verändert aber den Geschmack der Quiche völlig. Ich verzichte darauf, weil ich die Tomaten in den Mittelpunkt stellen möchte. Aus demselben Grund wähle ich einen neutralen Käse, der den Geschmack nicht überlagert, sondern die Tomaten für sich sprechen lässt!

Zutaten:

1 Quiche-Teig
1 Stückchen Butter
300 g Kirschtomaten
1 EL Honig
100 g geriebener Käse (eine milde Sorte)
75 ml süße Sahne
Salz und schwarzer Pfeffer

So geht's:

1. Den Ofen auf 200 °C vorheizen.
2. Eine runde Quiche-Form mit ca. 26 cm Durchmesser einfetten und mit dem Teig auslegen.
3. Die Tomaten waschen und halbieren.
4. Dann in einer Schüssel mit Honig vermischen. Falls dieser zu fest ist, leicht in der Mikrowelle erwärmen, damit er sich mit den Tomaten vermischen lässt. Die Tomaten eine Weile ziehen lassen.
5. Den Boden mit geriebenem Käse bestreuen.
6. Darauf die Tomatenhälften ohne Flüssigkeit mit der Schnittfläche nach oben verteilen.
7. Mit Sahne auffüllen.
8. Salzen und pfeffern.
9. Im Ofen auf mittlerer Schiene backen, bis die Quiche Farbe bekommen hat und leicht fest ist. Das dauert rund 30 bis 45 Minuten, je nach Ofen auch länger.
10. Die Quiche aus dem Ofen nehmen und ruhen lassen, am besten 45 Minuten, damit sie fest wird. Halte durch, sie wird dadurch noch besser. Dazu könntest du einen leckeren Salat servieren.

Pizza mit Tomatensauce und Tomaten

Zu kaum einem Thema gibt es so viele Meinungen wie zu der Frage, wie man die leckerste Pizza macht: Welches Mehl macht den Rand besonders knusprig, wie viel Gluten muss sein, welcher Käse passt am besten? Ganz zu schweigen von der Tomatensauce!

Und ich mag Leute, die die absolute Antwort haben und auch in der Lage sind, sie argumentativ zu verteidigen. Aber ich mag es auch, wenn die Leute neugierig auf Neues sind, und ich mag Abwechslung. Denn ich glaube, dass es für jeden Geschmack, jedes Ereignis und jede Gelegenheit eine Pizza gibt. Vielleicht hast du selbst ein paar tolle Pizzatricks parat? Ich meine all das, was deine Lieblingspizza richtig gut macht.

Meine besten Tricks sind:
– Menschen zusammenbringen, die beim Pizzaessen eine gute Stimmung verbreiten
– eine kalte Tomatensauce aus gekauften stückigen Tomaten und einem Löffel Honig
– eine einfache Pizza mit Tomaten als Belag
... und sie funktionieren wirklich, versprochen!

Also, verabrede dich zu einem Pizza-Abend mit Freunden. Kaufe stückige Tomaten. Und wenn du keine eigenen Tomaten hast, leg auch noch eine Schachtel Kirschtomaten in den Einkaufswagen. Vergewissere dich, dass du die Zutaten für einen Teig zu Hause hast. Oder du kaufst einen fertigen Pizzateig. Entscheide, was du zur Pizza trinken willst und ob es einen Salat dazu geben soll. Du kannst es dir auch noch einfacher machen: Lass den Salat weg und bitte deine Freunde, Getränke mitzubringen.

Zutaten:
1 Pizzateig
stückige Tomaten
etwas Honig
1 Prise Salz, schwarzer Pfeffer und Pizza-Gewürze
geriebener Käse
ganz viele Kirschtomaten
etwas Gutes zu trinken

So geht's:
1. Wenn es an der Zeit für die Pizza ist, stell alle Zutaten bereit. Den Teig solltest du bereits vorbereitet oder gekauft haben.
2. Die stückigen Tomaten mit Honig, Salz und Pfeffer vermischen. Wenn vorhanden, Oregano und etwas Basilikum hinzufügen. Den Ofen auf 225 °C vorheizen.
3. Den Käse reiben, die Kirschtomaten halbieren.
4. Den Teig ausrollen oder wie ein Pizzabäcker durch die Luft wirbeln. Den Boden auf Backpapier oder direkt aufs Blech legen.
5. Tomatensauce darauf verteilen und mit geriebenem Käse bestreuen.
6. Mit reichlich Tomaten belegen und dann für acht bis zehn Minuten in den Ofen schieben, bis die Pizza richtig gut aussieht. Wenn du einen Pizzaofen hast, benutzt du den natürlich.
7. Die Pizza schön heiß servieren. Sie schmeckt aber auch am nächsten Tag noch gut. Stell sicher, dass du reichlich Pizza und gute Getränke in den Gläsern hast.
8. Bitte deine Gäste, dir ihre liebsten Pizzatricks zu verraten. Du wirst es nicht glauben, aber man kann stundenlang über die beste Pizza reden.

Tomaten-Melonen-Salat

Essen kann wirklich etwas Wunderbares sein, manchmal mit ganz einfachen Mitteln, wie dieser Tomaten-Melonen-Salat. Er schmeckt göttlich und eignet sich als Beilage zu Gegrilltem, als Snack oder auch als Fingerfood zum Drink.

Zutaten:

1 kleine Wassermelone
reife Tomaten
Olivenöl
Salz und schwarzer Pfeffer
Minze

Beilagen:

gewürzte Maiswaffeln; oder du würzt neutrale Maiswaffeln mit einer kräftigen Gewürzmischung nach deinem Geschmack
Frischkäse naturell

So geht's:

1. Die Wassermelone und die Tomate in gleich große, mundgerechte Stücke schneiden, damit sie leicht zu essen sind. Beide Zutaten solltest du in etwa gleicher Menge einplanen. Hier würde ich etwa eine Handvoll Melonen- und eine Handvoll Tomatenwürfel nehmen.
2. Beides mischen, mit etwas Olivenöl beträufeln und mit Salz und Pfeffer würzen.
3. Die Minze klein schneiden und mit dem Salat vermengen. Das Ganze etwa fünf bis zehn Minuten ziehen lassen.
4. Die Maiswaffel mit Frischkäse bestreichen und mit dem Tomaten-Melonen-Salat belegen.

Im Kühlschrank hält sich der Salat ein paar Tage, du kannst also ruhig etwas mehr machen, wenn du schon dabei bist. Denn er ist einfach lecker.

Huevos Rancheros

Dieses Rezept fällt in die Kategorie „Fast Food“ oder „Comfort Food“ , und es ist eines meiner Lieblingsgerichte. Es hat so viel Geschmack, ist sättigend und geht schnell, auch wenn viele Leute davon essen sollen. Die Menge reicht für vier bis sechs Personen, das hängt davon ab, wie viel sie essen. Reste lassen sich fürs Lunchpaket aufheben.

Zutaten:

1 große gelbe Zwiebel
4 Knoblauchzehen
Rapsöl
Chili, frisch oder getrocknet, nach Geschmack
2 kleine rote Paprikaschoten
4 TL Paprikapulver, am besten geräuchert
4 TL Kreuzkümmel
2 Dosen schwarze Bohnen à 400 g
1 kg stückige Tomaten, gekauft oder hausgemacht
Salz und schwarzer Pfeffer
2 EL Honig
1 großes Stück Käse, z. B. Gouda
5–6 Eier
evtl. etwas Lauch, in feine Streifen geschnitten
evtl. Chiliflocken
Brot zum Servieren

So geht’s:

1. Zwiebel und Knoblauch fein hacken und in einer großen Pfanne mit hohem Rand und Deckel in Öl zusammen mit der Chili anbraten.
2. Die Paprikaschoten klein schneiden, in die Pfanne geben und ebenfalls anbraten. Dann Paprikapulver und Kreuzkümmel hinzufügen. Währenddessen die Bohnen in einem Sieb abtropfen lassen.
3. Bohnen und stückige Tomaten zu den Zwiebeln geben und das Ganze etwa zehn Minuten köcheln lassen. Salzen und pfeffern und den Honig hinzufügen.
4. Den Käse reiben – ruhig etwas mehr, wenn du großen Hunger hast. Den Käse auf der Tomatenmasse verteilen und die Eier bereitlegen.
5. In die mit Käse bedeckten Tomaten kleine Kuhlen drücken – bei fünf Eiern fünf Kuhlen – und die Eier vorsichtig hineinschlagen. Ich nehme so viele Eier, wie in die Pfanne passen.
6. Noch eine Weile köcheln lassen, bis die Eier gestockt sind. Einen Deckel auf die Pfanne legen.
7. Vor dem Servieren nach Belieben mit Lauch und Chiliflocken garnieren. Ein gutes Brot dazu wird in der Regel sehr geschätzt.

Tomatensuppe

Es gibt viele, viele Möglichkeiten, eine gute Tomatensuppe zuzubereiten, und ich habe zwei Favoriten. Einmal mit frischen Tomaten und einmal mit gekauften stückigen Tomaten. Ich verrate dir ein Geheimnis: Es scheint fast so, als ob die Suppe mit stückigen Tomaten besser schmeckt … Aber entscheide selbst.

Niemand würde je auf die Idee kommen, dass ich Tomatensuppe aus gekauften Tomaten mache. Aber sie ist einfach so gut! Ich verwende für beide Suppen an sich die gleichen Zutaten, aber je nachdem, ob es sich um frische oder gekaufte stückige Tomaten handelt, ist die Vorgehensweise etwas anders.

SUPPE AUS FRISCHEN TOMATEN

½ große gelbe Zwiebel oder 1 kleine
2 Knoblauchzehen
2 EL Olivenöl
ca. 800 g Tomaten, am besten Pflaumentomaten
etwas Chili, nach Geschmack und Schärfe
Salz und schwarzer Pfeffer
2 EL Honig
evtl. etwas Gemüsebrühe
evtl. Wasser

So geht's:

1. Zwiebel und Knoblauch recht fein hacken.
2. Eine Auflaufform einfetten und beides hineingeben. Den Ofen auf 225 °C vorheizen.
3. Die Tomaten mit Schale und Kerngehäuse klein schneiden. Wegen des Aromas verarbeiten wir die Früchte ganz. In die Auflaufform füllen.
4. Für etwa 30 Minuten in den Ofen schieben, bis die Tomaten Farbe bekommen.
5. Dann herausnehmen und das Ganze in einen Topf umfüllen. Pürieren und bei Bedarf mit etwas Wasser verdünnen.
6. Mit Chili, Salz und Pfeffer würzen, mit Honig und nach Belieben Gemüsebrühe abschmecken.
7. Die Suppe etwa zehn bis 15 Minuten köcheln lassen. Und servieren!

SUPPE AUS GEKAUFTEN STÜCKIGEN TOMATEN

½ große gelbe Zwiebel oder 1 kleine
2 Knoblauchzehen
2 EL Olivenöl
1 kg stückige Tomaten
1–2 Streifen eingelegte gegrillte Paprika
etwas Chili, nach Geschmack und Schärfe
Salz und schwarzer Pfeffer
2 EL Honig
evtl. etwas Gemüsebrühe
evtl. Wasser

So geht's:

1. Zwiebel und Knoblauch recht fein hacken, dann in etwas Öl im Topf anbraten.
2. Tomaten und Paprikastreifen hinzufügen.
3. Pürieren und bei Bedarf mit etwas Wasser verdünnen.
4. Mit Chili, Salz und Pfeffer würzen, mit Honig und nach Belieben Gemüsebrühe abschmecken.
5. Die Suppe etwa zehn bis 15 Minuten köcheln lassen. Und servieren!

Ofentomaten mit Kichererbsen-Dip

Perfekt als Snack oder als Vorspeise bei einer Stehparty! Eine wirklich leckere und gute Art, Tomaten zu genießen, denn so zubereitet sind sie besonders nahrhaft. Ich liebe Dips, weil sie so vielseitig sind, aber auch, weil sie so lecker sind, dass man fast weinen muss!

Zutaten:

10–12 reife Kirschtomaten
1–2 Knoblauchzehen
2 EL Olivenöl
Salz und schwarzer Pfeffer
gutes Brot

Für den Kichererbsen-Dip:

210 g Kichererbsen aus der Dose
2 gehäufte EL Crème fraîche
2 Knoblauchzehen
½ große rote Zwiebel oder 1 kleine
½ Zitrone
Salz und schwarzer Pfeffer

So geht's:

1. Die Tomaten halbieren und in eine Auflaufform legen.
2. Dann den Knoblauch schälen und pressen oder hacken und mit den Tomaten vermischen.
3. Mit Olivenöl beträufeln, salzen und pfeffern.
4. Für 20 Minuten bei 200 °C in den Ofen stellen.
5. Währenddessen den Dip zubereiten: Dafür die Kichererbsen in eine Schüssel mit hohem Rand oder ein ähnliches Gefäß geben.
6. Die Crème fraîche hinzufügen und den Knoblauch hineinpressen.
7. Jetzt die Zwiebel hacken und ebenfalls hinzufügen.
8. Die Zitrone auspressen.
9. Alles zu einem glatten Dip pürieren, mit Salz und Pfeffer abschmecken – aber nicht zu oft, denn sonst ist der Dip plötzlich aufgegessen!

Fülle den Dip in eine breite Schale oder einen tiefen Teller. Dann wird in die Mitte eine Kuhle gedrückt, in die die gebratenen Tomaten kommen, zusammen mit dem Öl und der Flüssigkeit aus der Form. Alles kommt in den Kichererbsen-Dip.

Dann das Brot in Stücke schneiden oder brechen, um damit den besten Dip der Welt aufzunehmen. Der Kichererbsen-Dip mit Ofen-Tomaten ist eine herrliche Kombination und schmeckt einfach wahnsinnig gut.

Tomatenpesto

Ein Pesto aus getrockneten Tomaten schmeckt himmlisch und ist so aromatisch, dass man Gänsehaut bekommt. Auf Pasta oder auf geröstetem Brot macht es aus etwas eigentlich Einfachem etwas ganz Besonderes.

Zutaten:

40 g Sonnenblumenkerne
100 g getrocknete Tomaten
1–2 Knoblauchzehen, gepresst
50 ml Oliven- oder Rapsöl
40 g grob geriebener Parmesan
1 Prise Salz
1 Prise schwarzer Pfeffer

So geht's:

1. Sonnenblumenkerne, Tomaten und Knoblauch kurz pürieren.
2. Dann das Öl dazugießen, bis die Masse die gewünschte dickflüssige Konsistenz hat.
3. Den Parmesan daruntermischen und das Ganze mit Salz und Pfeffer würzen.
4. Vor dem Servieren eine Weile ziehen lassen, damit sich die Aromen verteilen.

Etwas Öl auf das Pesto gießen. So lässt es sich im Kühlschrank in einem Glas mit Deckel einige Tage aufbewahren.

Gazpacho

Gazpacho ist eine traditionelle spanische kalte Gemüsesuppe. Sie wird sowohl zum Mittagessen als auch abends als Vorspeise gegessen, vorzugsweise mit gutem Brot dazu.

Ich habe hier den Tomaten die Hauptrolle gegeben, die sie verdienen. Der etwas schwerere Gazpacho, den ich normalerweise mache, wirkt dank seiner Einfachheit und der Minze reichhaltig und frisch. Das Rezept ist für sechs bis zehn Personen geeignet, je nachdem, ob man es als Hauptgericht oder als Vorspeise isst. An einem wirklich heißen Sommertag ist ein guter Gazpacho kaum zu übertreffen, vor allem zu einem schön kühlen Drink.

Zutaten:

500 g rote Tomaten
1 rote Paprika
1 kleine gelbe Zwiebel
2–3 Knoblauchzehen
50 ml Olivenöl
4–5 EL Apfelessig
1 TL Salz
2 TL Honig
500–600 ml kaltes Wasser
einige Eiswürfel
Minzzweige

So geht's:

1. Die Tomaten klein schneiden. Entscheide selbst, ob du später eine bissfeste oder eine leicht zu verzehrende Suppe haben möchtest. Meiner Meinung nach müssen die Schalen nicht entfernt werden, denn sie enthalten viel Aroma. Wenn dich die Schalen aber stören, püriere die Tomaten zunächst zu einem glatten Mus.
2. Paprika, Zwiebel und Knoblauch grob hacken und mit Olivenöl, Essig, Salz und Honig pürieren. Lust auf intensiven Minzgeschmack? Dann püriere einige Minzblätter mit.
3. Jetzt die Tomaten und das Gemüsepüree miteinander verrühren, dann nach Geschmack mit Wasser verdünnen. Als Letztes kannst du die Suppe mit ein paar Eiswürfeln mixen; sie sollte kalt serviert werden.
4. Mit Minze garnieren und dann genießen!

Tomatenmarmelade

Eigentlich bin eigentlich kein Fan von Marmelade, aber hier kommen drei echte Favoriten! Eine grüne, eine gelbe und eine rote Variante, die alle außergewöhnlich sind und sich himmlisch auf einem Stück Dessertkäse machen. Viel mehr ist nicht nötig – man kann die Vorspeise und den Hauptgang fast weglassen.

GRÜNE TOMATENMARMELADE MIT INGWER

Zutaten:

500 g grüne Tomaten
evtl. 3 EL Wasser
1 Stück frischer Ingwer (daumengroß)
1 Sternanis
1 Zitrone
500 g Gelierzucker 1:1
1 Prise Salz

So geht's:

1. Die Tomaten klein schneiden, in einen Topf mit dickem Boden geben und zum Köcheln bringen. Mit etwas Wasser aufgießen, wenn die Tomaten keine Flüssigkeit abgeben, und umrühren, damit sie nicht ansetzen.
2. Ingwer schälen und reiben, dann zusammen mit Sternanis in den Topf geben. (Wusstest du übrigens, dass sich Ingwer am einfachsten schälen lässt, indem man die Schale mit einem Löffel oder einem Messerrücken abkratzt?)
3. Die Schale der ganzen Zitrone abreiben und den Saft einer Hälfte auspressen, beides zu den Tomaten geben.
4. Jetzt die Tomaten kochen, bis sie fast zu Mus zerfallen sind. Falls nötig abschäumen.
5. Zucker und Salz hinzufügen und die Marmelade etwa zehn Minuten köcheln lassen.
6. In sterilisierte heiße Gläser füllen. Diese verschließen und auf den Kopf stellen. Abkühlen lassen

GELBE TOMATENMARMELADE MIT RUM

Zutaten:

500 g gelbe Tomaten (gerne in verschiedenen Farbnuancen)
evtl. 3 EL Wasser
1 Zitrone
1 Sternanis
1 Schuss Rum
500 g Gelierzucker 1:1
1 Prise Salz (optional)

So geht's:

1. Die Tomaten klein schneiden, in einen Topf mit dickem Boden geben und zum Köcheln bringen. Mit etwas Wasser aufgießen, wenn die Tomaten keine Flüssigkeit abgeben, und umrühren, damit sie nicht ansetzen.
2. Die Schale der ganzen Zitrone abreiben und den Saft einer Hälfte auspressen, beides mit dem Sternanis zu den Tomaten geben.
3. Jetzt die Tomaten kochen, bis sie fast zu Mus zerfallen sind. Falls nötig abschäumen.
4. Zucker, Salz und Rum hinzufügen und das Ganze etwa zehn Minuten köcheln lassen.
5. In sterilisierte heiße Gläser füllen, verschließen und auf den Kopf stellen. Abkühlen lassen.

ROTE TOMATENMARMELADE MIT CHILI UND INGWER

Zutaten:

500 g rote Tomaten (gerne in verschiedenen Farbnuancen)
evtl. 3 EL Wasser
1 Zitrone
1 Stück frischer Ingwer (daumengroß)
Chili nach Geschmack
500 g Gelierzucker 1:1
1 Prise Salz

So geht's:

1. Die Tomaten klein schneiden, in einen Topf mit dickem Boden geben und zum Köcheln bringen. Mit etwas Wasser aufgießen, wenn die Tomaten keine Flüssigkeit abgeben, und umrühren, damit sie nicht ansetzen.
2. Die Schale der ganzen Zitrone abreiben und den Saft einer Hälfte auspressen. Den Ingwer schälen und reiben, die Chili hacken und alles zu den Tomaten geben.
3. Jetzt die Tomaten kochen, bis sie fast zu Mus zerfallen sind. Falls nötig abschäumen.
4. Zucker und Salz hinzufügen und die Marmelade etwa zehn Minuten köcheln lassen.
5. In sterilisierte heiße Gläser füllen, verschließen und auf den Kopf stellen. Abkühlen lassen.

Tiramisu mit gelber Tomatenmarmelade

Tiramisu ist ein echter Klassiker unter den Süßspeisen. Diese Variante dürfte eigentlich nicht Tiramisu genannt werden, aber das macht sie nicht weniger lecker. Obwohl es nur wenige Ähnlichkeiten mit dem Original gibt, fühlt sich das Konzept von Schichten und Mascarpone immer noch italienisch an. Die gelbe Tomatenmarmelade mit Rum verleiht dem Dessert eine besondere Note. Und mit einem Espresso bleibt uns nur noch ein *Molto bene*!

Du kannst zerkleinerte Vollkornkekse nehmen oder, wenn du Gluten vermeiden willst, ein gutes glutenfreies Müsli oder Granola verwenden. Mit einem Müsli oder Granola mit Feigen oder Zimt wird dieses Dessert sehr lecker. Das Tiramisu würde wahrscheinlich für vier Personen reichen, die gut gegessen haben, oder für zwei, die wirklich desserthungrig sind.

Zutaten:

100 ml Schlagsahne
100 g Mascarpone
1 EL Puderzucker
Vollkornkekse, Müsli oder Granola
gelbe Tomatonmarmelade mit Rum (s. Seite 186)
abgeriebene Schale von 1 Zitrone

So geht's:

1. Sahne, Mascarpone und Puderzucker schön luftig und fest aufschlagen.
2. In einem Glas abwechselnd Kekskrümel, Müsli oder Granola mit Marmelade und Mascarponecreme schichten.
3. Mit geriebener Zitronenschale bestreuen.
4. Mindestens 20 Minuten, maximal eine Stunde kalt stellen. Wenn du es vor dem Abendessen zubereiten willst, lass alles in separaten Schüsseln und schichte es erst direkt vor dem Servieren, zum Beispiel während du den Kaffee kochst.

Adressen und Bezugsquellen

SAATGUTHÄNDLER MIT FOKUS AUF NACHHALTIGKEIT:

www.beetliebe.de
www.bingenheimersaatgut.de
www.biogartenbedarf.de
www.biogartenversand.de
www.bio-kraeuter.de
www.bio-saatgut.de
www.tomatenzauber.de

FACEBOOK-GRUPPEN:

Tomatensamen Tauschbörse
Tomatenkönig

BIOLOGISCHER PFLANZENSCHUTZ:

www.carboverte.de
www.gruenteam-versand.de
www.neudorff.de
www.shop.em-chiemgau.de
www.shop.e-nema.de

Register

Hervorgehobene Seitenzahlen verweisen auf Sorten-Abbildungen.

Text: Johnna Gilljam
Fotos: Tina Axelsson
Gestaltungskonzept: Eva Wilsson
Titel der Originalausgabe: Tomater – odla för hera året
Zuerst erschienen bei Bonnier Fakta, 2023, Stockholm, Schweden.
Veröffentlicht in deutscher Sprache nach Absprache mit Bonnier Rights, Stockholm, Schweden.

Aus dem Schwedischen übersetzt von Ricarda Essrich.

Bildnachweis
Die Fotos auf den Seiten 21, 23, 58, 71, 73 re., 85, 90 o.li., 90 o.Mi. li., 124/125, 130/131, 136 li., 153, 154, 182 und 187 wurden von der Autorin, Johnna Gilljam aufgenommen.
Alle weiteren Fotos stammen von Tina Axelsson.

Impressum
Umschlaggestaltung von Claudia Eder, Schönburg unter Verwendung von zwei Farbfotos von Tina Axelsson.

Mit 204 Farbfotos und 5 Schwarzweißfotos.

Alle Angaben in diesem Buch sind sorgfältig geprüft und geben den neuesten Wissensstand bei der Veröffentlichung wieder. Da sich das Wissen aber laufend in rascher Folge weiterentwickelt und vergrößert, muss jede/r Anwender/in prüfen, ob die Angaben nicht durch neuere Erkenntnisse überholt sind. Dazu muss er/sie zum Beispiel Beipackzettel zu Dünge-, Pflanzenschutz- bzw. Pflanzenpflegemitteln lesen und genau befolgen sowie Gebrauchsanweisungen und Gesetze beachten.

Unser gesamtes lieferbares Programm und viele weitere Informationen zu unseren Büchern, Spielen, Experimentierkästen, DVDs, Autoren und Aktivitäten finden Sie unter **kosmos.de**

Gedruckt auf chlorfrei gebleichtem Papier

MIX
Papier | Fördert gute Waldnutzung
FSC® C004592

ISBN 978-3-440-17989-5
Projektleitung: Kristin Albert
Redaktion: Carolin Küßner
Satz: CDN Media Klaus Numberger, Poing
Produktion: Klaus Jost
Druck und Bindung: FIRMENGRUPPE APPL, aprinta druck, Wemding
Printed in Germany / Imprimé en Allemagne